だいじょうぶ ちゃんと乗り越えていける

自分の魂のままに生きる39の約束

並木良和
Yoshikazu Namiki

きずな出版

Preface
はじめに

いまのあなたに、僕が伝えたいこと。

それは、あなたは「だいじょうぶ」だということです。

いまの、この状況を、ちゃんと乗り越えていける。

そのことを、あなたに伝えたいと思っています。


あなたの前に、あなたが「困難」と思えるようなものが立ちはだかるとき。

もしかしたら、あなたは、

「もう終わりなんじゃないか」

「もう無理なんじゃないか」

「自分には乗り越えられないんじゃないか」

と思うかもしれません。

そして、もしかしたら、まさに今、「そういう状態」にあって、この本を手にとってくださった方もいるでしょう。

そんなあなたへのメッセージが、「だいじょうぶ」です。


「だいじょうぶ」というのは、絶対的な安心感、もしくは、その安心の中にいる、ということです。

いまのあなたが、どんな状況だとしても、あなたはだいじょうぶなのだということを、まず初めに、お伝えします。


ところで、あなたは、自分を何者だと思っていますか？

「女性？」「男性？」

「日本人？」

「人間？」

そう、それはあなたがいままで思っていた通り、間違いではありません。

そうした分け方のために、つらい経験をしたこともあるかもしれませんが、それはともかく、あなたは、自分の性別や国籍、人間であることは、理解されていると思います。

でも、もう一つ、自分自身が何者であるかということで、多くの人が忘れていることがあるのです。

それは、自分が「ハイヤーセルフ」であるということです。

「ハイヤーセルフ」とは、スピリチュアルの世界ではよく使われる言葉で、「高次の自己」と訳されます。

この地球上に暮らす人たちは、じつは誰もが、ハイヤーセルフ（高い意識）として存在していました。

けれども、地球で生まれる、と決めたところで、それを捨ててきたのです。

だから、自分が「ハイヤーセルフ」であるということを忘れていたわけです。

いま、この状況がつらいと思うのは、「ハイヤーセルフ」である自分自身を忘れているからです。

逆に言えば、「ハイヤーセルフ」である自分自身を思い出しさえすれば、いま困難と思っていることも、決して「困難ではない」ということに気づくことができます。

そんなことは信じられませんか?

そうかもしれません。むしろ、そういう人たちが多いのです。

だから、僕のような人間が派遣されてきたのです。

僕自身、そのことに気づいたのは、まだ最近のことと言えるでしょうか。でも、それに気づいたとき、僕は自分の使命を果たそうと思いました。

新しいコンピューターシステムを導入するとき、その仕組みを教える人が会社に派遣されてくるようなことがあるでしょう?

僕は、その派遣された人と同じような立場だと思っています。

いま地球は、大きな変化を遂げようとしています。

そのために、いままでの生き方では、通用しないということが起きていきます。

ここに暮らす人たちは、それぞれで、「これからどう生きるのか」を決めなければならない、いわば変化のときを迎えているのです。

そのサインやきっかけが、あなたの前に立ちはだかる「困難」です。最近の共通認識で言えば、新型コロナウイルスの感染拡大もまた、そのきっかけの一つにすぎません。


本来の僕たちは、誰もが「ハイヤーセルフ」であり、「ハイヤーセルフ」というものは、絶対的な安心感のもとに存在しています。

何人《なんぴと》たりとも、「傷つけられることがない」ということを、完全に知っている状態で存在しています。

けれども、

「怖い思いをしたことがあります」

「ケガをしたことがあります」

「八方塞《ふさ》がりになって、どうしようもない状態に追い込まれています」

という人はいます。自分だけでなく、身近な人たちを見ても、そういう人たちがいるでしょう。

それでも、たとえそうした経験があったとしても、本当には傷ついていないのです。


たとえば、お化け屋敷。


お化け屋敷に入るのは、何のためですか？

「幸福感を味わうため」ではないでしょう？

バーチャルリアリティーがつくり出した世界で、恐怖を疑似《ぎじ》体験することが、お化け屋敷の目的であり、醍醐味《だいごみ》です。

僕たちがこの地球で体験することは、この「お化け屋敷」と同じです。

「お化け屋敷」の中では、「ワー」とか「キャー」とか、それこそ死ぬような経験をしても、それは、あくまでも「疑似体験」にすぎないわけです。

お化け屋敷の外に出れば、明るい空が広がる、安全な空間に、あなたはいるわけです。


そうして、あなたは言うでしょう。

「怖かったけど、面白かったね」

「びっくりしたけど、楽しかったね」

これが、じつは、僕たちがこの人生を終えたときの感想です。


僕たちは今、高性能のバーチャルリアリティーの機械の中に「魂」という存在を入れて、その魂を通して見たもの、感じたものを、「ワー」とか「キャー」とか言いながら体験しているだけなのです。

だから、その魂は完全に安全です。

だって、「怖い」と思うことはすべて、バーチャルなんですから。

最近は、メガネ型の動画プレイヤーがありますが、それでアクション映画などを観ている人を、傍《はた》から見るのは面白いものです。

ここでは何も起きていないのに、そのメガネでバーチャルの世界を体験している人は、一人で驚いたり、ときには声をあげたり、恐ろしさで立ち上がったり、ということもあります。

傍で見ている人には、その場所が安全だとわかっているので、そのあたふたとしている様子が滑稽《こっけい》に思えたりします。

あたふたとしているのは、「完全な安全の中に存在している」ということを忘れているからです。

それは夢を見ているようなもので、まさに「眠っている状態」にあると言えます。

眠ったままだから、その夢の世界から抜け出せないでいるのです。

「お化け屋敷」を楽しむのは悪くありません。

それを続けていたいのなら、そのままでいていいのです。

でも、「もうたくさん！」と思うなら、そろそろ目醒《ざ》めるときです。

なぜなら、僕たちの住む地球が、その目醒めのときを迎えているからです。

地球が目醒めていないときには、そこに住む人たちも、眠ったままでも生きられました。

でも、そうもしていられなくなった、というのが今です。


どの魂も、だいじょうぶです。

「だいじょうぶ」だということを、思い出してください。

この本は、そのためにあります。

自分の魂のままに生きる39の約束

■目次

第2章 ピンチは好機を招く

第3章 本来の自分に戻ろう

第4章 無価値観、罪悪感を手放す

第5章 宇宙のサポートを受ける

第6章 警告のサインに気づく

第7章 新しい時代を楽しもう

だいじょうぶ ちゃんと乗り越えていける

自分の魂のままに生きる39の約束

第1章

壁が立ちはだかるとき

ここから変わる！

いま、あなたが体験していることは、すべて宇宙のサイクルの一つにすぎません。新型コロナウイルスもそうだし、地震や台風、暴動、国同士の軋轢《あつれき》など、いま地球は大激変の時代にあります。

そこに住む人たちには、もちろんその影響が出ます。

そのために、つらい状況にある人もいるでしょう。

「これから、どうなってしまうのか」

「もう元通りになることはないかもしれない」

そんな不安をかかえている人も少なくないでしょう。

「変化」を前にしたとき、それを受け入れることに、人は躊躇《ちゅうちょ》してしまいがちです。

僕は、とくにこの数年、「目醒めのとき」が来ていることを伝えてきました。

地球は、変化しようとしています。

それに合わせて、そこに住む人たちも変わるべきときを迎えています。

いままでは眠っていてもよかったけれど、そろそろ目醒めるときが来ている、ということを伝えてきたわけです。

目醒めるかどうかは、それぞれの選択です。

けれども、新型コロナウイルスの感染拡大で、ここに住む人たちが一気に、変わらざるを得ない環境に置かれた。それが今の状況です。

いま、まさに、僕たちは、ここから変わっていきます。

でも、怖がる必要はありません。

変化が起きるのは、宇宙のサイクルなんです。２０２０年は、大変な状況を世界規模で迎えたわけですが、それは大激変の時代と言っていいでしょう。

なぜ、そんなことが起きるかと言えば、一斉《いっせい》に変わるときが来たからです。

朝、お母さんに起こされても、「まだ眠い」と言って、なかなか起きられないものです。

でも、もう眠いなんて言っていられない。

身の危険を感じれば、人は飛び起きるものです。

かと言って、いまが危険なのかというとそうではありません。

もちろん、危険なことはあります。ウイルスから身を守っていくことは必要です。

けれども僕たちは、絶望に向かっているわけではありません。

いい流れに乗っている。いままで気づかなかった人でも、いよいよ「変わること」を意識して、そのスタート地点に立てたというのが、いまだということです。

★自分の魂のままに生きる約束／1／

スタート地点に立つ。

与えられた時間の意味について考えよう。

新型コロナウイルス禍《か》で、日本でも緊急事態宣言が発令されたのを機にテレワーク、リモートワークと呼ばれる働き方が広まり、家にいることが多くなりました。

海外はもとより、県外に出ることも規制されて、自由に動けなくなりました。

そのことで不便やストレスを感じることはあったでしょうが、見方を変えれば、

「家ですごす」

「一人ですごす」

「家族とすごす」

という時間を、こんなにも持てたことは、それまでなかった、という人も多かったのではないでしょうか。

大きく変化するときには、そうした時間はとても大切です。

ウイルスによって命の危険にさらされ、その後には、経済的なダメージを受けることは想像に難《かた》くありません。

「もう破滅への道をたどっているんだ」と悲観する人もいるかもしれませんが、そんなことはないのです。

宇宙のサイクルは、いい流れに乗っていこうとしています。

一人ですごす時間、家族との時間を、いつもより多く持てたということだけでも、「その事態」が最悪ではないことを物語っています。

自分と向き合うことは、大切です。

自分にとって身近で大切な人たちと一緒にすごすこともまた、大切です。

それがわかっていても、目の前の仕事や日常のわずらわしさに流されて、そんな時間を持てなかったのが、いままでだったのです。

今回はたまたま新型コロナウイルスでしたが、それにかぎらず、人生に起こる「困難」「トラブル」とも言うべき壁にぶつかるときには、案外、そうした時間を与えられるものです。

「病気」になることを考えると、わかりやすいでしょう。

病気になるのは、つらいものです。

命が危険にさらされたり、痛い思いをしたり、不安や孤独を感じたり、経済的にも追い込まれたり、ということがあります。

でも、病気になったおかげで、健康的なからだや日常生活を取り戻せるということもあるわけです。

★自分の魂のままに生きる約束／2／

自分自身と向き合う。

困難の壁の向こうにあるのは絶望の世界ではない。

いまが「最悪の状況」だとしても、そこから先は、何に向かっているかと言えば、それは絶望ではなく、希望だということをお伝えしておきます。

たとえば、この新型コロナウイルス禍が終わったら、また、元通りの生活に戻っていくということを期待している人がいますが、残念ながら、その期待は裏切られます。

そう、もう元には戻らないのです。

そして、元に戻らなくて、いいのです。

元通りになるのではなく、進化していきます。

ここで考えておきたいのは、元の世界は、そんなに素晴らしいものだったのか？　ということです。

新型コロナウイルス禍で、行きたいところにも行けず、命の危険にさらされ、仕事も減って、収入さえ下がってしまった……というふうに考えると、たしかに、それ以前は、いまよりましに思えるかもしれません。

でも、だからと言って、元の世界は本当に素晴らしかったでしょうか？

本当に、あの世界に引き返したいと、あなたは望んでいるのでしょうか？

元の世界とは、貧富の差がある世界です。

豊かな人がいる一方で、豊かでない人がいる。食べられる人がいる一方で、食べられない人がいる。そんな世界が、本当に望む世界なのでしょうか？

日本にいると、食べられない人がいるなんて、遠い世界の他人事のように思えるかもしれませんが、新型コロナウイルスの感染拡大で、世界中のどこにも逃げ場がないような状況に追い込まれて初めて、他人事ではすまないことがわかったかもしれません。

それが、地球ごと、人類全体を含めて考えなければならないときを迎えていて、僕たちは誰もが、否応《いやおう》なく、ここから変わっていくことになります。

それは、もちろん、ワクワクするような変化、と言っていいものです。

いまはその過渡《かと》期なので、戸惑ったり、手間取ったり、混沌《こんとん》とすることもありますが、その先には、「こういう世界って、本当に素敵だね」「こんな世界に住みたかったんだよね」というような世界が待っているのです。

★自分の魂のままに生きる約束 3

元には戻らない。

選んだ道を体験するのが人生。

これからの世界は、二極化していきます。

二極化というのは、個人が選んだ道を体験していく世界で、いまから、ある種、不思議なことが起ころうとしています。

いままでの世界だって、自分が選んだ世界を体験してきただけなんですよね。

幸せだと感じている人は、言葉を換えれば、幸せな世界、幸せな人生を選んだから、それを体験しているわけです。

不幸だと感じている人は、不幸な人生を選んだのです。

「そんなはずはない」とあなたは思うでしょう。

もちろん不幸になることを、わざわざ自ら望む人なんて、いるわけがありません。

でも、人生の仕組みからお話しすると、まさにそうなのです。

僕たちの人生は、それぞれが望んだ通りの人生を歩むことになります。

これまでもそうでしたが、これからは、それがもっと顕著《けんちょ》に表れます。

幸せになる人とそうでない人が、極端に分かれていくのです。

「目醒めの世界」で生きることを選んだ人たちは、どんどん、いい世界へと、その軌跡《きせき》をたどっていきます。「幸せだな」「豊かだな」という人生を体験するわけです。

「眠りの世界」で生きることを選んだ人は、いままで以上に苦しい思いをしたり、つらい状況から抜け出せなかったり、という人生になります。

陰謀論という言葉を聴いたことがあるかもしれませんが、一般に知られている情報について、特定の人物や組織の利益につながる策略や事実を指摘するものです。

たとえば、人工地震が起きる、天候は操作されている、といったことが、まことしやかにささやかれるわけですが、そうしたドロドロした世界にはまりこんで、振りまわされてしまう、という人もいます。

そうした恐怖にはまればはまるほど、大きな不安をかかえ、その不安がつくり出した世界を色濃く体験することになるわけです。

そうなると、「あなたはだいじょうぶ」「幸せな世界は存在しているんだよ」と言っても、その声は届かなくなるのです。

幸せな世界で生きるのも、そうでない世界に生きるのも、それを選ぶのは、あなた自身です。

これまでは、どちらを選んでもそれほど変わらなかったことが、これからは、その選択によって大きな違いが出ることが、起ころうとしているのです。

★自分の魂のままに生きる約束／4／

幸せになると決める。

支配された生活から解放されよう。

いままでの時代を、僕は「冬の時代」と呼んだりします。冬に動物たちが冬眠するようなものです。みんなが眠っていた時代だったから「冬の時代」です。

それが、これからは「春の時代」に移行していきます。春は、みんなが深い冬眠から目を醒まし、活発に動き始めます。

「冬の時代」というのは、ピラミッドのような支配構造の中で機能していました。

ピラミッドの頂点にいる人たちが、下にいる人たちを支配していく。下の人たちは、頂点の人たちに支配されている。そういう構造の中で成り立っていたわけです。

下の人たちは、支配されているわけですから、自由がありません。牢獄《ろうごく》にいるのと一緒です。自分たちは「そんなふうに感じたことはありません」と言うかもしれませんが、そのことに気づけないほど、「牢獄の生活」が普通になっているのです。

たとえば、刑務所に入れられて、その一日の生活を見てみると、時間に合わせて、やることが決まっています。

午前６時。合図とともに起床。午前７時。また合図とともに朝食。午前８時。はい、作業開始。正午。はい、お昼休憩……はい、そのあと作業開始。はい、夕食。はい、そのあと少しの自由時間。はい、明日の作業に備えて消灯……という具合です。

では、僕たちの生活は、どうでしょうか。

朝になったら起床。決まった時間に家を出て、決まった時間に仕事を始め、決まった時間にお昼をとり、また仕事をする。そして、それを終えたら、夕飯を含めて自由時間をすごし、また明日に備えて就寝する。

こうして振り返ると、どこにいるかの違いだけで、刑務所の生活とあまり変わりがないのに気がつきませんか？　つまりは、支配された生活です。

そのことに、いままで僕たちは気づかなかったのです。

では何に支配されているかと言えば、ピラミッド構造の頂点にいる人たちです。この人たちのところに、僕たちが働いた富というものが、すべて集約されるシステムになっています。「資本主義社会」といわれるものですが、これが、いま壊れようとしています。

これまでのシステムが壊れていくと、そこにいた人たちは、一時的に放り出されたようになります。

「自分は何をすればいいのか」がわからなくなってしまうわけです。

これまでは会社や学校に行かなければならなかったのが、「行かなくてもいい」と言われても、どうしていいかわからないのです。

たとえば、9時から5時まで働くという決まりの中で生きていたものが、「さあ、もう決まりはないので、自由にやってください」と言われても、その変化に対応できません。

とくに、「自分軸」のない人たちが、そうなります。

「自分」というものに軸を持たない人は、誰かに言われるがままに生きてきました。社会のルールにしたがって、真面目に生きてきた人たちです。

人は誰でも「自由でありたい」と思うものです。

行きたい場所に行き、食べたいものを食べて、寝たいときに眠る。したいと思うことをして、したくないことはしない。それが理想ですが、いざ、その自由を与えられても、「どうしていいかわからない」となってしまうのは、支配されることに慣れているからです。

支配されるというのは、ある意味ラクなのです。

だって、自分で決めなくていいわけですから。

「9時になったら会社に行ってください」「お昼になったら食事してください」と言われる通りにしていればいいわけです。

「いまさら自由と言われても困る」という人たちは、いままでのシステムにしがみつこうとします。「変化」を受け入れないのです。

この人たちは、僕の言う「冬の時代」にいたい人たちです。

眠っていることを選択しつづけるので、支配されていく流れの中にどっぷりと浸かって、そこから抜け出すことができません。上司やまわりの人たち、国や社会への不満を口にしながら、決められた通りに生きていく人たちです。

でも、「こんな生活はおかしいんじゃないか」と気づく人もいます。

支配される流れから、出ようとする人たちです。実際に声をあげて、それまでの支配構造を変えていこうとする人たちもいました。「冬の時代」から目を醒まし、「自由」になることを選択した人たちです。

もちろん声をあげても、なかなかうまくいかない時代が続いてきましたが、それがやっと変化していこうとする時代を、いま迎えたのです。主導権を自分に取り戻し、自由な人生へと移行できる、まさに、そのタイミングを迎えています。

★自分の魂のままに生きる約束／5／

誰にも支配されない。

なぜ変化を拒《こば》んでしまうのか。

眠りつづける人と目醒めた人では、その人生はまったく違うものになっていきます。

では、これまで支配者の立場にいた人たちは、どうでしょうか。

支配する側にいる人たちにとっては、「冬の時代」が続くほうが都合がよいのです。

「自分だけが富を得たい」「自分だけが権力を握りたい」という人は、「春の時代」には移行できません。

「支配したい人たち」「支配されていたい人たち」は「変化」を拒みます。変化を拒む人には、何も起きないのです。

新型コロナウイルス禍では、非難や批判が世の中を席巻《せっけん》しました。いや、コロナ禍にかぎらず、「政権が悪い」「国が悪い」と、いつも何かや誰かを責めている人たちがいます。

この人たちは善良で、一般的な通念から言ったら、間違ったことは言っていないのですが、その在り方を続けていると、「春の時代」に移行することはできません。

「非難」や「批判」というのは、「冬の時代」のピラミッド構造にあったものなので、「春の時代」に移行するには、それらをすべて手放していく必要があるのです。

恐怖や不安が浮き彫りになったとき、それを打ち消したいために、あるいは、その責任を転嫁《てんか》するために、人は非難したり、批判したりします。その恐怖も不安も含めて、冬の時代にあるもの全部を手放して、新しいシステムへ移行していくことが大事なのです。

それをしないと、残念ながら、「その先」に行くことはできません。

「冬の時代」と「春の時代」は、まったく異なる世界で少しも重なるところがありません。

「春の時代」に移行するというのは、それまでとは違う新しいシステムの中に入るということです。いままでの観念や概念、価値観、価値基準というものを使っているうちは、その新しいシステムの世界に行くことはできません。

でも、道を阻《はば》んでいるのは、他でもない自分自身です。

自分が「変わる」ことを選択すれば、変えることができます。

変わることは、そう簡単ではないかもしれません。

すでにお話ししたように、真面目で善良な人ほど、「冬の時代」にはまっています。

そこには「自分の正義」というものが存在しているからです。

正義というのは、なかなか手放せないものです。

その正義を外すことができるかどうかが、「春の時代」に行くための第一関門と言っても過言ではありません。

いままで正しいと思っていたことが、本当に正しかったのか。

いままでいいと思ってきた生き方が、本当にいいものだったのか。

もしこのまま変化しないなら、全人口の十数パーセントの人たちしか新しい世界には移行できないかもしれません。果たして、本当にそれでいいのでしょうか。

これは、断じて不安を煽《あお》っているのではなく、僕たちは、いまこそ意識を変化させ、生き方を変えていかなければ、未来の子どもたちが安心して暮らせる世界を残してあげることができないかもしれない、というところまで来ていることに、もっと真剣に向き合っていく必要があるのだ、という呼びかけをさせていただいているのです。

いまこそチャンスです。

大きな変化を迎えている、このタイミングで、自分に問いかけてみてください。

「いままで本当に幸せだったのか」

「世界の現状は本当にこのままでよいのだろうか」

いままでとは違う、もっと幸せな世界が存在しています。その素晴らしい世界への招待状が、いま届いた、というのが、あなたが困難に直面していることの意味です。

★自分の魂のままに生きる約束 6

変化を選択する。

第2章

ピンチは好機を招く

ウイルスが蔓延《まんえん》している。

新型コロナウイルスの感染拡大は、世界中の人たちを巻き込みました。いまも、それは継続しています。

「まさか、こんなにも広がるとは思わなかった」「こんなに長引くとは思っていなかった」という人がほとんどでしょう。

けれども、宇宙のサイクルで見てみると、それほど驚くことではない、むしろ自然の流れなのだと言うことができます。

僕のこれまでの本を読んで、「並木さんはコロナウイルス禍が起こることがわかっていたんですね」と言われる方がいます。

2020年までに大きな変化があることを、そこに書いていたからです。

正直に言うなら、コロナウイルスがやってくることがわかっていたのではなく、人類の意識を大きく変化させるきっかけが起こることがわかっていただけです。

ただ、ウイルスがそのきっかけになったことは、驚くことではありませんでした。それは、すでにパラレルワールドでは起きていたことだからです。

パラレルワールドとは、この世界と並行して存在する別の世界のことをいいます。「世界」を「時空」と置き換えてもいいでしょう。

あなたは、いまこの世界に存在していますが、他のパラレルワールドにも、別バージョンのあなたが存在しています。

あなたのいる世界は、あなたの選択によって変わる、ということはすでにお話ししましたが、あなたが選択しなかった世界も、この世界とは別に、存在しています。それがパラレルワールドです。

いま、一つのウイルスが、地球に蔓延していますが、地球だけでなく、銀河全体に蔓延したウイルスによって、分離していた銀河が統合されるという流れを体験したパラレルがあるのです。この話は、講演会でもよくお話ししていたことですので、ご存じの方もいらっしゃるかもしれません。

だから、新型コロナウイルスの感染が拡大したときに、「またウイルスがきっかけになるのか」と思ったところはありました。

僕たちの魂は、この肉体として生まれる、ずっと以前から存在しています。

そこに例外はなく、誰もが魂のレベルでは、長い歴史を体験してきたわけです。

そして今、僕たちの魂は地球に存在しているわけですが、地球は、銀河の中の一つで、その銀河もいくつもあるのです。地球は、天の川銀河に存在しています。

晴れた夜空を見上げると、天の川がきれいに見えるでしょう。それは地球が天の川銀河にあるからです。

じつは、銀河が統合されたという歴史において、この天の川銀河だけは統合されなかったのです。なぜ統合されなかったかと言えば、それを拒んだからです。

天の川銀河は、かつて統合されることを拒み、そこに存在する地球は、それに準じたかたちになっています。

銀河が統合されるに至ったきっかけが、ウイルスでした。

そしてまた、いまここで統合の機会が来たときに、「またウイルスか」というのが僕の率直な感想ですが、であるなら、今回こそは、地球もすべての国同士、人間同士が手に手を取って繋《つな》がっていくことが求められているのだということを、本当の意味で理解し、行動する必要があるわけです。

だからこそ、ウイルスが蔓延しているからと言って、やみくもに怖れるのではなく、なぜ今、人類がこうしたことを経験しているのかに耳を澄ます必要があるのです。

そして、それは、まさに統合のために起きています。

「統合」とは、もともと一つの意識体だったものが分離を体験して、再び一つになることです。

僕たちは「統合」されていく過程のまっただ中にいて、それを体験しています。

たまたまそのタイミングに生まれたということではなく、この体験をするために、ある意味、この時期を狙《ねら》って、僕たちの魂は生まれてきました。そう考えれば、ウイルスでさえも、怖がる必要がないということがわかっていただけるでしょう。

★自分の魂のままに生きる約束 7

現実から逃げない。

非難を手放してみよう。

いま、僕たちは地球とともに、「統合」を迎えようとしています。

すでにお話ししたように、統合とは、もともと一つだったものが、分離を経て、また一つになるということです。

つまり、いままでは「分離」の世界に生きていたわけです。

支配する人と支配される人の関係は、分離の世界で成立するものです。

自分と他人、善と悪、光と闇、勝ち組と負け組、優劣や正誤などの意識は、分離の世界に存在するものです。

「統合」の世界では、そうした意識は存在しません。

いままであったものが、次の世界では通用しなくなるということです。

自分と他人を分けるのではなく、自分も他人も、同じように考えます。

何事も、いい悪いじゃない。

勝ち負けじゃない。

優劣があるのではない。

その意識に至るのが、統合の意識です。

けれども、意識を変えるというのは、なかなかにむずかしい部分もあります。

ふだん生活をしていると、いろいろな人とつき合っていくことになります。

「どうして、あの人はマスクをしていないんだろう?」

「どうして、こんなに仕事が遅いんだろう?」

「こんなことにも気づけないなんて!」

と思うようなこともあって、イライラします。

イライラしているのは、自分と相手を比べているからです。

分離意識は、自分と人を比較することから始まります。そして、相手を非難したり批判したりするわけです。

そのジャッジのベースにあるのは分離意識です。

人を批判するのは、「自分はできていて、相手はできていない」という立ち位置です。

「どうして、あの人はマスクをしていないんだろう?」→「私はしているのに」

「どうして、こんなに仕事が遅いんだろう?」→「私なら、もっと速くできるのに」

「こんなことにも気づけないなんて!」→「私は気づいている!」

相手と自分を分離しているわけですが、それは比較することから始まります。

僕たちはこれから、統合意識へと至ろうとしていますが、それは全体を捉《とら》える意識で、

「相手は自分」であり、「自分は相手」なのです。

つまり、「自分」も「相手」も「=《イコール》」の関係です。

分離意識のままでは、統合意識に至ることはできません。

まず、分離意識を癒《い》やすことです。

本来すべては一つであり、「他」なんてないこと、「分離」なんてないことに気づいていく必要があります。

そのためには、批判や非難、ジャッジといったものを、すべて手放していくことです。

それが、統合された世界にいくための課題になります。

誰かを批判したくなったとき、その問題は、相手にあるように思うでしょう。

相手に問題があると思うから、その相手にイライラするわけです。

でも、じつは、その問題は、自分の問題だということに気づくことです。

すべての批判や非難は、自分の中の批判や非難を、外に投影しているだけなのです。

★自分の魂のままに生きる約束 8

比較をやめる。

感じることのすべては自分の中に存在しているもの。

自分の中に、「見たくないもの」ってありませんか？

自分では、そういう部分が自分にもある、というのを認めたくないことです。

たとえば、ズルをしたり、嘘《うそ》を言ったり、見栄を張ったり、嫉妬心や劣等感……など、できれば人に知られたくない、ということが誰にもあるものです。

ズルをしている相手に対して腹が立つのは、自分も、そうしたいと思っているからです。

ズルをしたことがない、ズルをしようなんて思ったこともない、という人には、相手がズルをしてもわかりません。だから、そのことで腹を立てることもありません。

相手がズルをしていると思うのは、自分の中にも、ズルをしたい気持ち、またはその経験があるからです。

自分にあるものだから、それに気づくことができるわけです。

相手に対してイライラしたときには、「自分の中にあるからこそ、気づけるものなんだ」ということに気づく必要があります。

自分の中にあるから、見えるのです。

自分の中にあるから、感じられるのです。

批判や非難は、自分の中にそれがないと、自分がされても気づけないものです。

たとえば、誰かに「馬鹿！」と言われたとします。

でも、自分のことを馬鹿だとは微塵《みじん》も思っていない人、思ったこともないような人は、たとえそれを面と向かって言われても、「誰のこと？」となります。

ところが、自分の中で「自分は馬鹿だ」と思っていると、誰かが「馬鹿だ」と言っているのを聴いただけで、「自分のことを言っているんじゃないか」となってしまうのです。

ある人は、会社の会議で、上司が叱責《しっせき》したりすると、全部、自分に言われているように感じると言っていました。実際は、その上司は、その人に対して言ったのではなかったのに、ふだんから「自分はダメだ」と思っていたために反応してしまった、というわけです。そんなふうに感じるのは、比較の意識で生きているからです。つまりは、冬の時代の中、深く眠っているということです。

人によっては、上司の言うことに「自分はちゃんと反応できている」と考えるかもしれませんが、それこそが眠っているということです。

比較の意識を持っているかぎり、「春の時代」に行くことは叶《かな》いません。

上司が自分に対して何が言いたいかではなく、自分の中に比較の意識があることに気づくことが大事なのです。

相手を批判したりジャッジしたりしたときに、「その批判していることは、あなたの中にもある」と言われても、認めたくはないでしょう。

けれども、それは本来の自分のものではなく、この地球上で眠ったとき（分離したとき）

に生み出された意識です。いわば、当時の地球の周波数に合わせた意識であり、それを自分のものとして捉える必要はないのです。

もう地球の周波数が変わっていくので、それに合わせて、古い意識は捨てていきましょう、ということです。

それだけのことなのですが、真面目な人ほど、自分を責め始めてしまいます。「そんな意識を持っていた自分は、なんて愚《おろ》かだったんだ」「自分はダメな人間なんだ」と言うのです。

これは自分への非難であり、ジャッジです。非難やジャッジは、他人だけでなく、自分にも向けられます。その意識を使っているかぎり、「夜の時代」から抜け出すことはできません。そのことを今一度、心にとめておきましょう。

★自分の魂のままに生きる約束 9

本来の意識を取り戻す。

慣れ親しんだ世界と決別するときが来た。

僕にも、もちろん眠っていた時代がありました。

眠りから醒めるときというのは、人それぞれです。

すぐにパチッと目醒める人もいれば、目醒めようと思いながら、グズグズしてしまう人もいます。どちらがいい悪いというのは、ありません。

なんでもＯＫなのが、目醒めた世界のいいところです。

僕の目醒めは、自分で「目醒める」と決めたら速かったです。

たとえば子どもの頃、公園の砂場で遊んでいたとします。

夕暮れになっても、まだ遊びたいと思うこともあるでしょう。

でも、ある日、「もう遊ばない」と思ったら、砂場にいる必要はないわけです。

目醒めるというのは、「もう遊ばない」と決めることです。

そう決めると、いままでは居心地よく思えた場所に、突然、違和感を覚えます。

「どうして、こんなところにいるんだろう？」

「どうして、こんなことをしているんだろう？」

僕の場合も、そうでした。

そして、「この生き方は、もういい」と思ったところから、「目醒める」という方向にシフトしていきました。

目醒めにかぎらず、その場に未練があると、なかなか思い切れません。

目醒めたいと思っても、その未練を断《た》ち切れない人が多いのです。

考えてみれば、未練なんて持つ必要はないと頭ではわかるのですが、それを断ち切れないのは、その意識に慣れ親しんでしまっているということがあります。

僕たちの魂は、何世紀にもわたって、輪廻転生《りんねてんせい》を繰り返してきました。その間、ずっと眠って「冬の時代」を生きてきたわけです。

よく「いまどきの若い人は」なんてことを大人が言いますが、エジプトのピラミッドにも同じような表現が刻み込まれているのです。

結局、人間の思うことというのは、いつの時代もそう変わらないのでしょう。

そういうやり方に、何世紀も慣れてきたということは、目醒めると決めたからと言って、そう簡単に目醒められるものではないのも頷《うなず》けると思います。

どんなに不自由だと思っても、そのほうが馴染《なじ》み深いわけですから、まったく違う意識へと移行していくというのは、口で言うほど簡単ではないのです。

そして、その移行を果たすときに、いちばんむずかしいのが、非難や批判をやめることです。それさえクリアできれば、一気に統合意識へと進むことができるのですが、なかなかそうはなりにくいのです。

なぜなら、この非難や批判のベースにあるのは、正義だからです。

誰にも、「正義」があります。この正義で自分を保っていると思っています。だから、手放せないのです。

「これを手放したら、滅茶苦茶《めちゃくちゃ》になってしまう」と思い込んでいます。

もちろん、本当はそうではありません。

それを手放しても、滅茶苦茶になったりはしません。

けれども自分にとって、正義というのは、絶対に手放したり外したりすることのできない、大事な大事なものなのです。

そのあげくに起こされたのが、戦争です。

敵も味方も、自分たちの正義の名の下《もと》に戦うわけです。どちらも、自分たちの正義こそが正しいと思って、譲れないところから戦争は始まります。これが眠りの真骨頂のようなもので、「冬の時代」は「戦いの時代」と言ってもいいほどです。

この「正義」を手放していかないと、本当の平和な世界と呼ばれる「目醒めの世界」への移行は叶いません。

移行期間には、こうした手放さなければならないものが浮き彫りにされます。新しい目醒めの世界へと移行していくためには、みんながそのことに気づき、それらを手放していくことが必要だからです。

だから、これまで以上に、相手を責め立てる人が表立って増えてきます。

いままでの歴史の中でも、「あいつが悪い」「国が悪い」と言って、徒党を組むように「そうだ、そうだ」という人たちがグループをつくり、それに反対するグループが発生し、そして戦争が起きてきました。すると、こんどは「戦争反対」と戦う人たちも現れる。

客観的に洞察すれば、まるでイタチごっこのような一連の流れですが、当の本人たちは、いたって真面目なわけです。

でも、これが「眠り」であり、「眠りの世界」で起きることとです。

★自分の魂のままに生きる約束

正義を捨てる。

10

人間は未熟なのだということを理解する。

捨てたいと思っても、自分の正義を捨てるのは、そう簡単ではないでしょう。

「自分には、正義なんて言えるほどのものはない」という人もいるかもしれませんが、残念ながらと言うべきか、たいていの人が、自分なりの正義を持っているものです。

たとえば自分のまわりの人たちについて不満を持つのは、それが自分の正義に反しているからです。

例をあげてお話しするなら、自分の親に対して、不満を持つ人がいます。

僕のところに来られるご相談者様の中でも、とくに女性が、母親との関係で悩んでいるケースが少なくありません。

「私の母は本当にダメな母親なんです」

「娘として、こんな人が母親なのかと思うと悲しくなります」

というようなことをお話しされます。

誰にも「母親像」というものがあるものですが、自分の母親は、「それとまったく違う」ということが、不満のもとになっています。

「普通の母親なら、もっと優しい言葉をかけてくれるはず」

「普通の母親なら、もっと家事をするべき」

「普通の母親なら、絶対にこんなことはしない」

母親への不満はそれぞれですが、そこに共通しているのは、「普通はこうだ」と決めてかかっていることです。

いったい誰が、それを「普通」だと決めたのでしょうか。

母親とは「こういうものだ」とか「こうあるべきだ」という思い込みが、あなたの「正義」です。そして、それが、真実を見る目を曇らせてしまうのです。

別の例をあげるなら、芸能人について、「あの人はああだよね、こうだよね」ということがありますが、それもまた、「思い込み」から、その人を判断し、ジャッジしているわけで、真実とは違う方向にズレていってしまうことがあります。

そもそも、あなたは、その人の何を知っているのか、ということなのです。

なにか問題を起こしたとして、そういうときにはさまざまな憶測が飛び交《か》い、その情報をつかむことによって、すべてを知っているかのような錯覚《さっかく》を起こします。

でも実際は、一部を見て、判断しているにすぎません。

一部しか知らないのに、その人のすべてを知った気になります。

母親のことも同じです。

たとえ実の娘であっても、お母さんのすべてを知っているわけではありません。お母さんの一部を見て、「こんな人」だと決めているのです。

どんな人であっても、ダメだと決めつけるのは、あまりにも乱暴と言えるでしょう。

その人がどんな人であろうと、「自分も含めて、一人の未熟な人間である」ということを知ることです。

それには、視点をもっと上げていく必要があります。

「俯瞰《ふかん》する」「鳥瞰《ちょうかん》する」という言葉がありますが、どちらも高いところから眺《なが》めることで、それによって全体が見えるようになります。

一部しか見えないのは、視点が低いからです。あるいは近すぎるためです。

視点を上げれば、いままで見えなかった部分も見えるようになります。

同じように、教師や上司、警察や政府などなどに対して、「どうして、こんなことをするのか」というようなことがありますが、誰もが、一人の未熟な人間です。

それは、繰り返しますが、あなた自身も、同じです。

自分も相手も、同じように未熟な人間である、とわかることが、分離意識から抜け出す最初の一歩になります。

未熟な者同士では、いろいろなことが起きます。「相手のことが許せない」というような思いにかられることもあるでしょう。

でも、それは分離意識から来ているのだと知ることです。

相手に未熟な部分が見えたときに、自分も同じだということがわかるはずです。

相手も未熟なら、自分も未熟なわけですから、イライラするようなことがあったり、うまくいかないことがあっても、「人の振り見て我が振り直せだな」と思えるかどうかです。

目醒めの視点に移行していくプロセスにおいては、それが第一歩になります。

相手を責めたり、あるいは自分を責めたりするのではなく、うまくいかないことがあったり、苛立《いらだ》つようなことがあったりしても、「誰もが発展途上の未熟な人間なんだ」という視点を持つことが大切なのです。

★自分の魂のままに生きる約束 11

視点を上げる。

自分を許すことで流れが変わっていく。

いまが目を醒ますときです。
まずは、自分が眠っていたことに気づくことです。
眠っていたことを、恥ずかしく思う必要はありません。
誰もが眠りの世界を体験したくて体験した。ただ、それだけのことです。
でも、眠りの体験を終えて、目を醒ましたいと思うなら、
「自分は、その先に行こう」
と決めればいいのです。

あなたが決めるだけで、その方向へと流れが変わっていきます。

それでも、魔法のように一瞬で変わるということはないかもしれません。なかには、そういう人もいますが、うまくいかずに、自分が不甲斐《ふがい》ないと落ち込むこともあるでしょう。

相手も自分も、ここに生きている人たちは皆、「未熟な人間」であることがわかると、腹が立つようなことがあっても、相手を許容できるようになります。

でも、その一方で、このことに気づいている自分は、「未熟であってはならない」と考える人がいます。

「こんなことで怒ってはいけない」

「怠《なま》けてはいけない」

「もっと努力しなければ」

というように思いますが、じつは、それもまた「眠り」の意識なのです。

統合意識に目醒めたいと思っても、分離意識から一足飛《いっそくと》びに統合意識に移る、というのは不可能ではありませんが、むずかしいものです。なぜなら、何世紀も眠ってきたのですから。

だから、目醒めることを決めても、自分の中に残る分離意識を感じて、「どうして自分はダメなのか」と思うようなことがあるかもしれませんが、だからダメなんだと決めつけるのではなく、そのことに気づいている自分は、移行のプロセスをたどっている、というふうに考えましょう。

相手に対して、「一人の未熟な人間」として見て許すのだとしたら、その許す気持ちを、自分に対しても向けてみましょう。

自分のダメな部分を見つけたとき、たとえば、ちょっとしたことで怒ってしまったり、不満を感じたりしたときに、「未熟って、こういうことなんだ」と思うことです。

それをしてしまった自分を責めるのではなく、ただ、自分の未熟さを認めるだけでいいのです。

じつは、責めるのをやめると、それが改善されていきます。

なぜなら、責めつづけると、それに焦点があたりつづけることになります。

僕たちの意識は非常にパワフルで、焦点をあてたものを拡大させる作用を持っています。

つまり、「自分はダメだ」「こんなことではダメだ」と思っていると、そのダメさ、未熟さが次第に大きくなって、成長してしまうのです。

だから、責めるのではなく、許すことが大切なのです。

許すことで、その未熟さは、だんだんと鳴りを潜《ひそ》めていきます。

いつまでも未熟な自分に、嫌気《いやけ》がさすようなこともあるかもしれませんが、それでも、あきらめてしまわないことです。

それが、いまのあなたにある課題であり、次のステージに移るための、未来に続く扉でもあります。

その扉を開けていきましょう。

★自分の魂のままに生きる約束 12

未熟な自分を許す。

第3章

本来の自分に戻ろう

イライラから解放されよう。

統合意識の世界には、〝比較〟がありません。

なぜなら、〝比較〟には意味がないからです。

〝比較〟は、同じスタートラインに立って初めて、それが可能になります。

たとえば、3歳の子どもと7歳の子どもで、どれくらい速く走れるかを比べても意味がありません。3歳の子どもに、「どうして7歳の子のように走れないのか」と叱《しか》る人はいないでしょう。

でも、「冬の時代」では、比較することがついてまわると言っても過言ではありません。

それは、みんなが同じスタートラインに立っているという前提があるからですが、僕たちは個人個人それぞれに、個性の内容が違います。

スピリチュアル的な言い方をすれば、輪廻転生という魂の経験値も含めて、同じスタートラインに立ってはいないのです。同じスタートラインに立っていないのに、比較をするから大きな勘違いも起こるわけです。

たとえば「魂年齢」の経験値が8億年の人と、10億年の人では2億年の差があります。ところが、地球上では、その違いが見た目にはわかりにくいので、どちらも一緒くたにして捉えてしまいます。この「一緒くた」にしてしまうところが問題です。

「どうして、同じ人間なのに、こんなにも差があるんだ」というところが、すべての不満のもとになるわけですが、「同じ人間なのに」という前提が、じつは違っているのです。

前の章で、僕たちは皆、未熟な人間であるという点では同じなのだとお話ししましたが、それは「同じ人間」という意味ではなく、未熟さにおいては同じである、ということです。

もともと僕たちは、ハイヤーセルフとして存在していました。それは言わば完全な存在です。その完全な意識を忘れて、人間として、この地球にやってきたわけです。

そして、人間は未熟であるというのは、前でお話しした通りです。

けれども、同じであって、同じでないのが、また人間です。

それぞれに違いがあり、「魂年齢」や「からだ年齢」が違うというのは、わかりやすいでしょう。魂年齢はわからなくても、からだ年齢は、つまり、3歳と7歳の違い、ということです。

比較意識でいちばんわかりやすいことで言えば、相手に対して、「どうして、こんなことができないんだ」という不満です。

そう感じるのは、「自分はできているのに」という前提がありますが、すでにお話しした通り、相手のダメな部分は、自分の中にもあるからこそ、気づけるのです。

目の前の相手は、自分自身の投影であり、鏡です。

相手に対しての苛立ちは、他でもない、自分に対しての苛立ちです。

だから、たとえば会社に勤めていて、そこがとてもイヤだから辞める。辞めて転職したら、またイヤな会社だった、ということがあります。

「私が行くところは、どうしてこんな会社ばかりなんだろう。私は運が悪いんです」という人がいますが、実際には、不満の元は「会社」ではなく「自分」にあります。そのことに気づいて、自分自身を変えていかなければ、何度転職しても、問題は解消されません。

では、どうすれば問題を解消できるのでしょうか？

むずかしいことではありません。いちばん効果的な方法は、「自分はできている」と思っていることに、徹底的に取り組んでみることです。

相手に対して、「こうしてほしい」「こうしたらいいのに」というやり方があるなら、まず、それを徹底して、自分でやってみるのです。

多くの人は、「自分はできている」と思っているので、それ以上やらないのです。

だから、たとえば相手に対して、「すぐに連絡してほしい」「すぐに言われたことに取り組めばいいのに」と思ったとしたら、自分がそれをするのです。

「自分から連絡しておこう」「自分のほうで先に取り組んでみよう」として、行動を起こすのです。

そのときに、「自分はいつもそうしている」というのは、ちょっと脇に置くことです。

そうしているつもりでも、実際には、やっていない、やれていないこともあるからです。やればできることは、やらないのが人間だと言ってもいいほどです。

繰り返しますが、目の前の相手は、自分の投影です。逆に言えば、自分が相手に投影される、とも言えます。自分が徹底して、「してほしいこと」をすると、いつのまにか、相手もそれをするようになります。

「なんで連絡しないんだ」と腹を立てていた相手に対して、徹底的に、自分が連絡するようにすると、相手にも、「最近、連絡してくれるようになった」と思えるような変化が見えるのです。

現実の仕組みというのは、鏡のように反映されている世界なので、こちらが変わらないと、相手も変わりません。

鏡に映った自分の頰《ほお》に睫毛《まつげ》がついていたとして、いくら鏡をこすっても、その睫毛は取れません。自分の頰から取り除けば、鏡に映った睫毛も取れます。

「私からやってみたけれど、相手はまったく変わりません」

ということもあるかもしれませんが、そうだとしたら、まだ、徹底してそれができていないのです。もっと徹底することで、必ず変わっていきます。

なにか問題が起きたときに、人は、原因を自分以外の、外に求めたくなるのですが、「目醒めの世界」にあるのは、徹底した自己責任です。

だから、厳しい言い方になるかもしれませんが、自分に責任を取りたくない人は、目醒めの世界には、残念ながら行くことはできないのです。

★自分の魂のままに生きる約束

13

行動を起こす。

フワフワした世界は終わりにする。

「スピリチュアルな世界」と言うと、光に包まれたようなフワフワしたイメージを持たれる人も多いかもしれませんが、実際には、違います。

スピリチュアルというのは、本質を扱うことです。

本質というのは、ある意味厳しいもので、ごまかしがききません。

自分にある非を、自分にあると認められる強さを持てる人が、スピリチュアルに生き、目醒められる人です。

いまが目醒めのタイミングだというお話をしていますが、それは、夢のスピリチュアル時代が終わることを意味しています。

フワフワしたお花畑みたいな〝スピリチュアルごっこ〟のようなことは、すべて淘汰《とうた》されていきます。

もう何年も前のことですが、あるマスターから「いいかげんにスピリチュアルごっこはやめなさい」と言われたことがあります。

マスターとは、目醒めた先に到達する意識レベルの存在であり、僕たちの目醒めをサポートしてくれている、肉眼では捉えられない、高次元の存在です。

僕は、マスターや天使たちから、メッセージを受けとっています。

そのマスターから「ごっこ」と言われたことを、スピリチュアルを理解する仲間にシェアしたことがありますが、そこにいた人たちは皆、その言葉に気が引き締まったようでした。

スピリチュアルとは「精神的」とか「霊的な」という意味で、その世界の対局にあるのが「現実的な世界」です。

こう言うと、スピリチュアルな世界は、現実的に考えない、どこかフワフワしたものだと受けとられがちです。

けれども、本来のスピリチュアルな世界とは、本質を扱うもので、すべてをありのままに受けとめる強さが求められます。

フワフワと地に足がつかないのは、本当のスピリチュアルとはほど遠い世界にいると言っても過言ではありません。

強いというのは、それだけの余裕があるということでもあります。

それがないのに、上辺《うわべ》だけスピリチュアルを理解しているようでは、自分では目醒めていると思っていても、じつは眠ったままになってしまうのです。

スピリチュアルを理解している自分は、理解していない人よりも上のステージにいる、というように思っているとしたら、それこそが比較意識から抜け出せない、眠りの状態にいるということです。

比較しているから「批判」が生まれるわけですが、それがなぜダメなのかと言えば、「自分」を見ていないからです。

批判している人は、相手の悪いところばかりを見て、自分自身には目を向けていません。

それでは、スピリチュアルな世界（意識）でもっとも大切な本質をつかむことができないわけです。

「自分がこんな目にあっているのは、○○のせい」

「自分がこんな気持ちになるのは、○○のせい」

というように、いつも何かや誰かを責めています。

自分で責任を取らないでいい世界はラクですが、それではスピリチュアルの本質を理解できないばかりか、「春の時代」に行くこともできないままなのです。

★自分の魂のままに生きる約束 14

すべてを受け入れる。

すべての主導権を自分に取り戻す。

「自分が悪いと思って努力しても、相手が変わらないので、どうしようもない」

そんなふうに不満を訴えてくる人もいます。

相手だけを責めるのではなく、自分の非を認めている点で、バランスを保っているかに見えますが、それではいつまでたっても、事態が改善されることはないでしょう。

「相手が変わってくれなければ、何も変わらない」というところで、主導権を相手に委《ゆだ》ねてしまっているからです。

結局、自分ではなく、相手に軸が行っています。

それではダメなのです。

ダメと言うより、それでは、本来の望みから、ますます離れていってしまいますよ、ということです。

相手次第というのは、言葉を換えれば、相手に支配されているということです。

でも、そうではない。本来の僕たちは、誰にも支配されない、自由な存在です。

事態を変えたいのであれば、自分が変わればいい。

その主導権は、相手ではなく、自分にあるということを思い出しましょう。

それが本当の自由を取り戻すということであり、目を醒ましていくことになります。

繰り返しになりますが、誰かの言いなりになっているほうが、ラクなのです。

何でも、誰かのせいにできるわけですから。

現在、テレワーク、リモートワークが増える中で、自己管理ができる、ということが求められています。

そう言うと、「テレワーク中も、朝は8時に起きて、9時から仕事に取りかかっています」というような人がいますが、それでは、牢獄生活と変わりません。

そうではなく、

「自分の魂の導きにしたがって、すべてのリズムを決めていく」

ということが本来の「自己管理」です。

自分の魂というのは、スピリチュアルな世界で言えば「ハイヤーセルフ」＝大いなる自己と呼ばれるもので、もとは誰もがその意識で存在していたというのは、すでにお話しした通りです。そして、それこそが「本当の自分」「本来の自分」です。

だから、「そうか自分がハイヤーセルフだったんだ」ということを思い出していくプロセスが、「目醒めていく」ということなのです。

「本当の自分」は、自分にとっての最善というものを、すべて把握《はあく》しています。

そうであれば、「この自分に委ねる」「この自分として生きる」ということを基準にしていくと、すべてがスムースに流れていくようになるわけです。

起きる時間も、やるべきタイミングも、すべてが、自分にとって最善のかたちで進んでいくのです。

「自分にとって最善かどうか」

それを知るためには、魂の声を聴くことです。

あるいは、自分の感覚を大切にする、というふうにも言えるでしょう。

「なんとなく、イヤな気持ちになる」

「居心地が悪い」

そんなふうに感じたら、それは最善ではないということです。

「心地いい」

「ワクワクする」

「理屈はわからないけど、いい感じがする」

そう感じたなら、ＯＫのサインです。

魂の声を聴くことができさえすれば、居るべき場所に、居るべきタイミングで、やるべきことをやっている、という流れに乗っていくことができます。

誰もが、それをすることができます。

そうすると、すべてにおいて、自分がやりたいこと、自分にとって必要だと感じることをやっているだけなのに、調和が取れていくのです。

「自分には魂の声が聴こえない」という人もいるかもしれません。

その解決方法は、自分に集中することです。

うまくいかないことがあると、人のせいにしたり、時代や運が悪かったのだと考えたりしてしまいがちです。

自分にダメ出しするのはつらいものです。自分は、自分なりに頑張ってきたと思う人ほど、ダメな自分を認めたくないという気持ちは強くなります。

それで、自分以外のところに、その原因を求めるわけですが、それを「外向きの意識」といいます。

外に意識を向けているときには、自分に起きていることを感じることはできません。

自分のことなのに、他人事のように感じてしまうのです。

魂の声を聴くには、「これは自分のことなんだ」と思って、外ではなく、自分に意識を向けるところから始めます。

そうすると、だんだん自分との繋がりを取り戻していくことになり、自分の中に響いてくるハイヤーセルフからのサインにも気づけるようになります。

「いま自分は、これをしていいのか」

その答えがわかるようになります。

いままでは、自分がそうしたいと思っても、なかなかスムースにいかなかったことが、嘘のように、うまくいくようになります。

少なくとも、自分が納得して、それを進めていくことができるようになります。

外ばかりに向けていた意識を自分に戻すだけで、変わり始めるのがわかるでしょう。

★自分の魂のままに生きる約束 15

意識を自分に向ける。

その価値観は、どこから来たか。

魂の声を聴くというのは、息を吸うのと同じくらいにあたりまえのことです。

ところが、それが意識しないとできなくなっているというのは、この地球に生まれてから、刷り込まれたものに影響されているからです。

刷り込まれたものとは、「こうすべき」「ああすべき」「こうでなければならない」「こうしなければならない」というふうに、自分の中で、無意識に思い込んでいることです。

「いい大学に入らなければならない」

「いい会社に就職しなければならない」

「お金がなければ幸せになれない」

こうした考えは、知らず識《し》らずのうちに、教え込まれ、刷り込まれたものです。

その刷り込みによって、人は努力したり、落胆したりするわけですが、これが「眠りの時代」の生き方です。

この生き方を変えるのに大切なのが、すでにお話しした「魂の声を聴く」ことです。

「自分は、どうなりたいんだろう?」

「自分は、どう生きたいんだろう?」

「自分にとって、どういうリズムがいちばん幸せを感じるのか?」

すべてにおいて、「自分」を基準にして再構築していく必要があります。

いままでは「教え込まれた基準」を自分の生活、人生のベースにしてきたわけですが、その基準を変えていくわけです。

けれども、これまで続けてきたことを変えるというのは、なかなかに大変です。

「新しい様式」は、それに慣れていないために、変えたいと思っても、いつのまにか「いつものやり方」になってしまいます。

とくに日本人は、「自分」を出すことが苦手です。

「自分を中心に置くと、わがままって言われませんか」

と考えたりします。

その「自分を出すとわがままになる」「わがままはいけない」ということもまた、教え込まれた「刷り込み」なのです。

自分を軸に置くことを拒まないでください。

わがままになることを怖がらないでください。

ここで大事なのは、自分と向き合うことです。

自分と向き合う時間を持つようにしましょう。

その意味で、緊急事態宣言で「ステイホーム」を体験したのは、否が応でも外との接触を断って、自分と向き合うための時間を与えられた、のだと考えることもできます。

これが宇宙からのギフトです。

そのタイミングが来ているからこその流れであり、その証《あかし》とも言えます。

これから、世の中は、僕たちが知っていたものとは、まったく違うものになっていこうとしています。

自分と向き合ってください。そのチャンスが来ています。

「人生は退屈だ」とか「どうなるのか不安だ」とか、そんなことを言っている場合ではありません。外に意識を向けていたら、いまの流れに乗り遅れてしまいます。

チャンスを与えられているのに、それをつかめる人は案外少ないです。

でも、あなたなら、きっとつかめるはず。僕はそう思っています。

★自分の魂のままに生きる約束／16／

刷り込みをリセットする。

自分が求めているものを自分に与えよう。

「自分が何を求めているかわからない」

「自分は何をしたいのかわからない」

という人は少なくありません。

もっとわかりやすく言えば、自分が何にワクワクし、幸せや喜びを感じるのか、ということがわからなくなってしまっているという人が、決して珍しくないのです。

僕のところにご相談に来られる方でも、

「あなたにとって、どんなことがいちばん楽しいですか？」

「どんなことをしているとリラックスできますか?」

というようなことを聴いても、「わからない」と答える方がいます。

どうして、そうなっているかと言うと、自分との接続が外されているためです。

コンセントがつながっていなければ、どんなにスイッチをオンにしても、動き出さないのと同じです。

「楽しい」と感じるのは、「自分」とつながっているからです。

「打てば響く」という言葉がありますが、ちゃんと自分とつながっていれば、自分に投げかけた質問に、もっと明確に答えられるはずなのです。

まずは、「自分がワクワクすることを見つけてください」というのが、そんなあなたへのアドバイスになるのですが、それがわからないから困っているわけです。

そういうときには、いまできることで、ワクワクすることに意識を向けてみてください。

「ワクワクすること」が思いつかなければ、「惹かれること」「いま、ちょっとしたいこと」でも構いません。

たとえば、あるご相談者様は、

「のどが乾いてるから、お水を飲みたい」

と答えてくれました。

そうしたら、お水を飲んでもらいます。

自分が、「してみたいこと」を叶えていくわけです。

「してみたいこと」が「お水を飲みたい」のようなことでもいいんですか、と思われるかもしれませんが、それでいいのです。

悩んでいるとき、うまくいかないときには、いきなり、その核心をつくようなことをしても、「やっぱりダメなんだ」という気持ちになるばかりです。

いまは、できるところからスタートしていきましょう。

本当のワクワクを見つける前に、いまできることで、してみたいこと、ワクワクできるかもしれないと思えることを探して、それを実際に、片っ端からやってみるのです。

「お水が飲みたい」「映画を観たい」「美容院に行きたい」「ちょっと横になりたい」「誰か

と話したい」「一人でいたい」……などなど、どんなことでも構いません。

頭に浮かんだことを、声に出して言ってみましょう。

声に出すことで、たとえ目の前には誰もいなくても、他でもない自分自身が、その声を聴いています。

それが、自分の魂の声に耳を傾ける練習になります。

小さなことですが、これを毎瞬毎瞬、積み重ねていくと、だんだん大きなワクワクや喜びに気づけるようになっていきます。

★自分の魂のままに生きる約束

17

自分の声を聴く。

問題は外にあるという思い込みは捨てよう。

自分の楽しいことやワクワクすることがわからない、という人は、いままで自分のことを後まわしにしてきた人たちです。

ずっと外に意識を向けていたために、どうすれば自分にフォーカスできるのかがわからなくなっています。

自分のことより、まわりと調和することを優先します。

自分を出したら、ケンカになったり、仲間はずれにされたりすると、思うのです。

そうして、いつのまにか、自分が楽しいことをやることをタブー視して、魂の声に耳をふさいでしまったわけです。

そうなると、魂の声は心のサインとも言えますが、そのサインに気づけなくなっていきます。

その状態がピークに達すると、どうなるか？

たいていの人は、ある日、パタンと倒れることになります。

病気やケガをして、休まざるを得ない状況に追い込まれるのです。

いわば、天からの「強制終了」「強制送還」のようなもので、「自分をないがしろにするのもいいかげんにしなさいよ」というメッセージです。

外にばかり意識を向けていることで、心が悲鳴をあげているのです。

その悲鳴を無視しているから、「強制終了」となったわけです。

そうならないためには、心のサインに耳を傾けることです。

病気というのは、

「自分に意識を向けてください」

「本当の自分の声に耳を傾けてください」

というサインです。

「あなたは、その生き方でいいんですか？」

「それは本当に、あなたの幸せですか？」

ということが問われているのです。

仕事で無理をしている人は、今日一日だけでもいいから、仕事を休んでみることです。

人に合わせすぎて疲れている人は、一人の時間をつくることです。

そうして、自分を取り戻していきましょう。

「そんなことをしたら、会社を辞めさせられる」

「みんなが自分から離れていってしまう」

と思うかもしれませんが、たいていは、そんなことにはなりません。

不安障害に用いられる治療法に、「暴露《ばくろ》療法」というのがあるそうです。

たとえば「電車に乗るのが怖い」という人に、実際に電車に乗ってもらい、それをして

も「怖いことは何も起こらない」ということを確認して恐怖を克服していくそうです。

「そんなことをしたらクビになる」「仲間はずれにされる」と思っても、実際には、一日や二日、会社を休んでも、クビになることはありません。一度や二度、誘いを断ったからと言って、それで人が離れていくわけではありません。

もしも、それで離れていったとしたら、そこまでの関係だったということです。これからのあなたに必要ありません。

そんな希薄な関係よりも、もっと自分を大切にすることです。

それが、仕事も人間関係もうまくいくようになるコツでもあります。

★自分の魂のままに生きる約束 18

恐怖を克服する。

本質だけを追いかけていけばいい。

人はワクワクするようにできています。

いまはワクワクすることがわからない、という人でも、もとからその機能が備わっていない、ということはありません。

うまく機能しないのは、あまり使ってこなかったために、ちょっと錆《さ》びついているだけです。

僕たちはもともとハイヤーセルフとして、宇宙意識という高い周波数で振動している存在でした。

その本質というのが、「コ・ヒ・シ・タ・フ・ワ・ヨ」（恋い慕うわよ）です。

つまり、

【コ】心地よい
【ヒ】惹《ひ》かれる
【シ】しっくりする（すっきりする）
【タ】楽しい
【フ】腑《ふ》に落ちる
【ワ】ワクワクする
【ヨ】喜びを感じる

です。

この「コ・ヒ・シ・タ・フ・ワ・ヨ」の状態が自然で、これらをポジティブな感覚と表現するなら、ネガティブな感覚——憎しみや恨《うら》み、嫉妬や苦しみ、悲しみといったものは逆に理解できなかったのです。

これからは、本質に意識を向けて、それを追いかけていきましょう。

本質を追いかけるということが、これまではタブー視されていました。

自分が楽しんだり、ワクワクするようなことをしたりするのは、わがままだと思い、それをすることに罪悪感すら抱いてしまっていたのです。

でも、そんな罪悪感を持つ必要はありません。

もともとの自分を取り戻すだけなのですから、遠慮なく、「コ・ヒ・シ・タ・フ・ワ・ヨ」にしたがっていってほしいと思います。

★自分の魂のままに生きる約束 19

楽しいことを優先する。

第4章

無価値観、罪悪感を手放す

幸せになってはいけない、と考えていない？

この人生を生きていくときに大事なのは、いかに自分の力を信じられるか、ということです。そこに少しでも疑いの気持ちがあると、うまくいきません。

あたりまえのことですが、自分が信じられないのは、「自分」を疑っているからです。

自分で「やってみよう」と思って始めようとしても、

「本当に、できるの？」

「それは、うまくいくの？」

という疑問を自分自身に投げかけ、それに対して「ＮＯ！」を出してしまうのです。

傍から見れば、「やってみないとわからないじゃないか」ということでも、「自分には、それだけの力がない」と決めつけています。

自分の力が信じられないので、始める前からあきらめて、結局、何もできないわけです。

「疑い」というのも、「眠りの時代」の周波数です。

これを手放せば、自分の力を信じられるようになります。

「自分にはワクワクするようなことなんて起きない」という思い込みを持っている人は案外多いのですが、どうしてそんなふうに考えるかと言えば、自分を信じていないからです。

何をしても、「自分には力がないから、うまくいくはずがない」と考えるクセがついてしまっているのです。

これが、「無価値観」です。

「自分には力がない」というのは、「自分には価値がない」と言っているのと同じです。

ここで、あらためて自分の価値について考えてみましょう。

「価値」を辞書で調べてみると、「物事の役に立つ性質・程度」「その事物がどれくらい役に立つかの度合い」とあります。

人は誰も、役目を持って生まれてきています。自分では気づいていないことでも、あなたがそこにいたことで、役に立っていたということもあるのです。

役に立たない人などいません。無価値な人など、いないのです。

それなのに、自分には価値がないと決めているわけです。

「春の時代」には比較はないということを、すでにお話ししましたが、価値においても同じで、ある人には価値があって、ある人には価値がない、ということはないのです。

無価値観の中で生きていると、「自分には幸せになる価値がない」というふうにも考えます。それでは、自分に、「幸せになってはいけない」と言っているのと同じなのです。

★自分の魂のままに生きる約束／20／

自分の力を信じる。

借り物を自分のものと混同しない。

あなたには、幸せになる価値があります。

あなたには、それだけの力があります。

このことを否定しないでください。

まずは、無価値観を手放すことです。

無価値観がベースにあると、比較が始まります。

たとえば、「相手より自分に価値がない」というのも、「自分より相手に価値がない」というのも、無価値観を使って測っているわけです。

相手のほうが価値がないと貶《おと》しめるのは、そうすることで自分の価値を上げようとしているからです。

無価値観を使ってバランスを取っているわけですが、それをすると必然的に、相手を上に見たり、下に見たりしなければならなくなります。

その現象は、地球ならではのものと言ってもよいほどです。

僕たちが、ハイヤーセルフという、大いなる、完全な意識の波動を下げて地球に眠りを体験するために下りてきたときに、生み出された周波数の一つが「無価値観」です。

この感覚を体験したいと思って、この地球に生まれてきたわけです。

そうだとしたら、「無価値観」は地球のものであって、自分のものじゃないことがわかるでしょう。

「自分はどうして、こんなにも無価値観が強いのだろう?」

と悩むのは違っています。

「無価値観」と「あなた」とは、もともと何の関係もないのです。

無価値観は、この地球を体験するために与えられたツールの一つにすぎません。

海に潜《もぐ》るときに渡されるシュノーケルのようなものです。

シュノーケルがあったほうが、海に潜っても苦しくありません。でも慣れていくと、シュノーケルがなくても、海中を楽しむことができるようになります。

無価値観も、それがあるほうが、地球を体験するには都合がよかったのです。でも、あくまでも、地球ですごすために与えられたツールですから、いわば借り物です。

借り物は借り物で、自分のものではありません。

だから、手放すことができるのです。

自分は無価値観が強いと感じるのは、無価値観を自分のものだと錯覚しているからです。

まずは、そのことに気づくことです。

★自分の魂のままに生きる約束

21

借り物は返す。

なぜ責められると思うのか。

自分がワクワクすることを追いかけていきましょう、と言っても、それができない人たちがいます。

すでにお話しした自分の中の「コ・ヒ・シ・タ・フ・ワ・ヨ」を大事にすること、それを行動に移していくことで、僕たちは幸せを感じることができます。

けれども、「幸せ」になることに、罪悪感を持ってしまうことがあるのです。

「罪悪感」は、「無価値観」と並んで、僕は「二大バイブレーション」と呼んでいます。

人は誰でも、幸せになりたいと思っています。

幸せになりたくない人なんていない。あなたも、そう思うでしょう。

ところが、たとえば「自分だけが幸せになる」としたら、どうでしょうか？

その他大勢の中の自分であれば、「自分だけは幸せでよかった」と思えるかもしれませんが、それが家族だったら、どうでしょうか？　家族の中で自分だけが幸せになることを考えたら、家族に対して「申し訳ない」という気持ちになる人も多いでしょう。

この本では「目醒め」についてお話ししていますが、たとえば家族の中で、あるいは自分の周囲で、「自分だけが目醒めている」と思っている人がいます。

そんなとき、家族を置いていくような気持ちになって、罪悪感を持つわけですが、そう感じるのは、「家族は目を醒ませない」という前提があるからです。

自分は覚醒できるけれど、家族はそれができないと決めつけています。

そう、比較が始まっているわけです。

相手の力をまったく尊重していない見方、ということができるでしょう。自分は気づいているけれど、相手は気づけない、というのは、非常に傲慢《ごうまん》な考え方です。

真実を言えば、自分にも相手にも同じ力があります。

目を醒ます醒まさないは、それぞれの選択で、力のあるなしではないのです。

それなのに、勝手に、相手には力がないと決めつけています。

もともと誰もがハイヤーセルフだった、というのは、繰り返しお話ししてきた通りです。

誰もが完全な意識を持っていたのです。

相手に力がないというのは、それを認めていないということでもあります。

目醒める段階で気をつけたいのが、自分だけがわかっている、気づいている、という錯覚に陥《おちい》ることです。

「わかった」と思った時点で、じつは「わかっていない」ということに気づくことも大切です。

★自分の魂のままに生きる約束／22

相手の力を尊重する。

波動を上げていこう。

「無価値観」と「罪悪感」。この二大バイブレーションは大きく波動を下げるものです。

この地球に、僕たちは高次元の意識から波動を落として生まれたわけですが、その際、分離して生み出したのが、「無価値観」であり「罪悪感」だったわけです。

僕たちはもともと軽やかな意識だったので、そのままでは地球に根づくことがむずかしかったのです。

それほど地球の波動は、本来僕たちがいた時空間よりも、ズンと重いものだったのです。

波動が合わなければ、マッチングできません。

元の波動のままでは、地球で遊びたい、体験したいと思っても、そこに降り立つことができなかったのです。そこで必要になったのが重しです。

自分の波動を下げるために、「無価値観」と「罪悪感」が、その重しとして使われました。それによって、高次元では体験できなかった「未熟な意識」を、僕らは体験できるようになったわけです。

この本の冒頭でお話しした、地球という「お化け屋敷」を楽しめるようになったということです。

おかげで、自分の不甲斐なさに落ち込み、比較して優劣を競い、あらゆる悩みや心配、挫《ざ》折《せつ》を味わえたのです。

「無価値観って、こういう感覚なんだ！」

「罪悪感って、こういう感覚なんだ！」

というふうに、最初はとても痺《しび》れる体験だったのです。

こうして考えると、僕たちの意識、僕たちという存在は、好奇心が旺盛《おうせい》です。

わからないこと、知らないことには、怯《ひる》むことなく、「どんどん試したい」「挑戦したい」と思う。それが本来の僕たちの意識です。

人生というのは「山あり谷あり」だと昔からいわれますが、その「山あり谷あり」を体験するために、僕たちは生まれてきたのです。

ボードゲームに「人生ゲーム」というのがありますが、まさに実際の人生が、ゲームそのものです。それを楽しむために、「無価値観」や「罪悪感」の周波数にチャンネルを合わせてきたところがありました。

そうして楽しんできた世界は「二極の世界」で、必ず善と悪の両方が存在しています。光と闇、良い悪い、陽と陰、男性と女性、というように、二つが相反するかたちで存在したのです。

二極は、両極ですから、悪いことばかりとはかぎりません。

地獄のような、つらい日がある一方で、「幸せすぎて怖い」と思うほどの喜びを感じることもあります。

でも、その幸せをかみしめる間もなく、「罪悪感」が来ます。その意味で、これまでの地球というのは、思わず「よくできているなあ」と感心するくらい、僕たちの心を安心させない仕組みになっていたのです。

いま、あえて「これまでの地球」と書いたのは、その地球の波動が軽くなり始めているからです。

「極の極み」を「分離」と言いますが、僕たちのもとの「統合」から、どんどん波動を落として、振り子が揺れるように「分離」を繰り返してきました。

そして、とうとう、その振り子も振り切るところまで来たわけです。

戦争が起きたのも、この振り子が振り切っていたからです。つまり、本来は一つの意識であり、争いなど起こるはずもないのにもかかわらず、戦争まで起こした……これが分離の極みなのです。

そうして振り切った振り子は、どうなるかと言えば、また元に戻ります。

調和が保たれた「統合」へと向かっていくのです。

いま、その流れが起きようとしています。

でも、もし、あなたが変わりたくないというのであれば、それまで通り、変わらなくてもいいのです。

誰かが決めた通りに生きていく。それも選択肢の一つです。

僕たちには、自由意志が与えられていて、自分で決めて自分で責任をとることが求められているからです。だから、無価値観を抱いたまま、人生が終わっても、それはそれでいいのです。

けれども、そのまま変化を拒み続けると、非常に生きづらい時代がやってこようとしています。

わかりやすく言えば、目醒めるというのは、僕たちの意識の波動を上げることであり、地球も今、急速にその波動を上げています。それは上昇するエネルギーと言えるでしょう。

対して、眠るというのは波動を下げることで分離することなので、そのエネルギーの方向性は、まったく真逆になり、摩擦《まさつ》を起こすことから、苦しくなってしまうのです。まるで、川の流れに逆らって泳ぐようなものです。

いま、地球は巨《おお》きな変容の時期を迎えていて、この惑星と共存共栄していきたいのであれば、僕たち人類も、歩調を合わせ、調和していく必要があるのです。

眠りから醒めて、天国のような星に生まれかわろうとしている地球は、いままで人間によって溜め込まれてきた毒素とも言えるものを浄化するため、「動いて」います。それが現象として現れたとき、どうしても混乱することがあります。混沌（カオス）とした世の中に見えるのです。

でも、そんな時代に、「たまたま生まれてしまった」と思いますか？

そうではありません。僕たちは、この地球の、この混乱を体験したいと願って、いま、ここにいます。

ゲームで言えば、最難関のステージに挑《いど》むために集まっているのが、僕たちです。

何世紀もの眠りを終えて、目を醒ましていける。それを、この肉体ごと体験したかったのです。これほどまでにエキサイティングなことはありません。

地球はもう、この分離の状態から、目を醒まそうとしています。
地球そのものにも、意識があります。
ガイアとも呼ばれ、それは女神的な女性性の意識です。
彼女は、すでに目を醒ますことを決めました。
あなたは、どうしますか？
目を醒まして、彼女と一緒に行きますか？　行きませんか？
それを問われているのが、いまだということです。

★自分の魂のままに生きる約束　23

彼女とともに目を醒ます。

いまから、すべてのシステムが変わる。

ガイアとともに行く道を選択するのであれば、ここから完全に、自分の生き方も変えていく必要があります。

コロナ禍の数ヶ月で、地球は大きく変わりました。

そんな中、「これからどうなっていくんだろう」と頭をかかえている人がほとんどですが、それに反して、地球はイキイキしています。

ロックダウンや自粛要請で、工場が止まって、生産や開発が中断されました。個人のレベルでは、たくさんの人たちがつらく苦しい思いをされている中、もちろん、それがよかったとは言えませんが、地球として見た場合には、そのおかげで空が澄み、水が澄んで、魚やイルカ、鯨《くじら》も戻ってきました。

自然界は、これまでにないほどイキイキとして、その力を取り戻しています。

そうなるために、コロナ禍のような変化が必要だったという見方もできます。

それはともかく、こうした大きな変化の真っ最中に、いままでのやり方をしていたのでは、変わろうとしている地球に置いていかれるかたちになってしまいます。

何と言っても、変化はまだまだ起こるのです。

ウイルスも油断はできないですし、地震や台風、火山の噴火などの天災に加えて、政治、経済の問題も含めて、あらゆることが、これから2026年ないし2028年までのあいだに加速して起こります。

そこを超えれば、それまでの変動が嘘のように、ピタッと収まっていくようになります。

つまり、そのときには、世界はもう、誰の目から見ても大きく変わったということがわかる状態になるわけです。

そのように落ち着くまでには、まだ、6〜8年はかかるということです。

まず、現行の経済システムが、2020年、2021年で、崩壊、破綻《はたん》していく流れに向かっています。

そう言うと世界恐慌になるのかと不安になるかもしれません。たしかに、そうした事態もないとは言い切れません。でも、そうした中には希望も隠されていて、どんなことでも、新たなものが生み出されるときには、それ以前のものは壊れていくものです。

そうして生み出されたものが、これからの世界のベースになっていきます。

けれども、それがかたちとして見えてくるまでには、あと3年くらいはかかります。

では、それまでの3年で、どうなってしまうのか。

人によっては、「地獄」を見ることになるかもしれません。

それこそ経済的に破綻したり、大変な目に遭《あ》うことも否定できません。

「地獄」というのは、「絶望」です。

でも、その境地に立たされたとき、僕たちは、新しい方向性を考え出すしかなくなるのです。方向転換せざるを得ない、という状況です。

そこで止まってしまう人もいるでしょう。

そうして地獄を見て、絶望したところで、自分の人生を振り返ります。

「自分の人生って、何だったんだろう」

「自分は、何をしてきたんだろう」

「本当にやりたかったことは何だったのか」

そこで初めて、自分のこれからやるべきこと、行くべき道が見えてきます。

たとえば、「飲食店をやってきました」という人は、「本当にそれは、自分のやりたいことだったのか」と考えてみるのです。

どんな職業でも同じです。

いままでしてきたことは、生きていくために必要だからと思って、やってきたことではなかったでしょうか。

それが悪いというのではありません。

でも、自分と向き合って、自分が本来、求めていたことを思い出し、そのための人生を再スタートさせることができる。これが地獄を見る意味です。

「そういえば小さいとき、これをやりたいって願っていたんだった」

もともと自分が抱いていた本当の望みに気づく、そのチャンスが与えられます。

そうして、本来の自分が求めていた方向に、シフトしていく人たちも出てきます。

「本当にやりたかったのは、これだった！」

それがわかったとき、天国を見始めます。地獄を見た人たちが、天国にシフトすることで、地獄と天国の両方を体験することになるわけです。

そうなるために大切なのは、柔軟に対応していくことです。

それをすることで、新しい時代、新しいシステムに順応することができます。

時代が変わるとき、それを乗り越えるカギは、順応性にあります。

古すぎる話ですが、恐竜が絶滅したのは、白亜《はくあ》紀末、大激変した新しい環境に順応できなかったからです。でも、ある種の哺乳類は、それを乗り越えることができました。

★自分の魂のままに生きる約束

24

柔軟に対処する。

これから、地球は大激変をしていきます。

僕たちはそれに、柔軟に対処していくだけです。

すでに、手指消毒に始まり、ソーシャルディスタンス、テレワークなどオンラインを利用した働き方やコミュニケーションなどなど、1年前には思ってもいなかったような方法やシステムが生まれ、利用されています。

僕たちは、可能性の塊《かたまり》です。

「もうダメだ」という状況でも、直観という感性を使って、クリエイティブにそれを乗り越えていくことができます。

そうして乗り越えていく力が、僕たちにはあるのです。

自分にある力を信じていきましょう。

第5章

宇宙のサポートを受ける

人事を尽くして天命を待て。

「願えば叶う」といわれます。

たしかに、それは間違いではないと僕は思います。

でも、ただ願うだけ、祈るだけでは、宇宙のサポートは得られません。

昔からのことわざに、「人事を尽くして天命を待つ」というのがあります。

「人としてできるかぎりのことをしたら、あとは天の意思にまかせる」という心境を表したものですが、この精神の人が、宇宙からのサポートを受けられます。

「苦しいときの神頼み」という言葉もあります。

困ったとき、どうしていいかわからなくなって、「神様、お願いします」「ご先祖様、お願いします」となりますが、他力本願《たりきほんがん》ではダメなのです。

自分自身で考え、自分自身で捉え、自分自身が行動していく。それが「人事を尽くす」ということです。じつは「他力本願」の言葉も、単なる「人まかせ」ではなく、仏教で、自分が修行をした上で、阿弥陀仏《あみだぶつ》によって救済されるというのが本来の意味です。

やれるだけのことをやった上で、あとは宇宙に委ねて、「おまかせします」としたときに、宇宙からのサポートが得られるのです。

こう言うと、

「やっぱり努力しないといけないんですね」

「頑張らないといけないということですよね」

と言われますが、それは少し、違います。

「春の時代」には、「努力」や「頑張り」はいらないのです。

努力や頑張りは、「自分がやりたくないこと」をやるときに必要になります。

けれども、これからは、自分に一致して、本当に自分のやりたいことをやっていくことになります。傍から見れば、頑張っているように見えても、自分では少しも「頑張っている」とは感じないのです。

好きなことをしていると、あっという間に時間がすぎるものです。たとえ、それをするのに時間がかかったり、手間がかかったりしても、それが苦になることはないでしょう。

もっと言えば、それをするのが楽しくてしかたがない。「やるな」と言われてもやりたいことというのは、一般的には、それがどんなに大変なことでも、大変だとは思わないものです。

「やりたいから、やっているだけ」

それが、これからの働き方、生き方とも言えます。

★自分の魂のままに生きる約束

25

人事を尽くす。

自分が望む現実をつくる。

これからは、いままでのように、学校を卒業したら就職して、定年まで働くというスタイルは少なくなっていくでしょう。

では、どうなるかと言えば、自分で起業していく人が増えていくことになります。

起業家が増える、というより、起業せざるを得ない人たちが増える、と言ったほうが現実に近いかもしれません。

しかも、これからの時代は、仕事も一つの専門分野だけを追求していくのではなく、「こんなこともできますよ」「あんなこともやれますよ」という具合に、二足の草鞋《わらじ》どころか、三足でも四足でも草鞋を履いて、自分ができることを提供していく。それが、これからの仕事になっていくでしょう。

いままでは、起業したいと思っても、万が一のときの保障もないような働き方はできない、というのが一般的でした。それで保障のある会社に就職したわけです。

ところが、保障してくれるはずの会社が、どんどん潰《つぶ》れていきます。

だったら国は保障してくれるかと言えば、それだって当てにはなりません。

結局、「保障なんて、どこにもないんだ」ということに気づくときを迎えているのです。

コロナ禍で、営業自粛や外出自粛を余儀《よぎ》なくされ、経済的に逼迫《ひっぱく》した状況に追い込まれた人は少なくないでしょう。いまはまだ何とかなっているという人でも、今後にその影響が出て、困窮する事態にならないともかぎりません。

国や自治体に保障を求めたいところですが、それを待っていたら干上がってしまうことだってあるかもしれません。

誰かに保障してもらうのを期待するだけでは、神頼みと変わりません。

そうではなく、

「私は自分の力で、自分が望む現実を、望む結果を生み出していくんだ」

ということを意識することです。

そうすれば、主導権を自分に取り戻すことにもなります。

保障を求めているうちは、自分に主導権はないのです。

自分にある力を発揮していくことです。それがすでにお話しした「人事を尽くす」ということになります。

もう会社には頼れない、というふうに考えるかもしれませんが、見方を変えれば、一つの会社に縛られることはなくなるということです。

それこそが本当の意味での「働き方改革」ではないかと思うのですが、自分の「職業」や「所属」「業種」を限定しないでいいのです。

「面白そう」

「楽しそう」

「自分にもできそう」

と思えることが「仕事」になっていきます。

もちろん、そこには「努力」も「頑張り」も必要ありません。

結果として、二足や三足、それ以上の草鞋を喜んで履くことになります。

そういう人には宇宙のサポートがあるのは、言うまでもありません。

★自分の魂のままに生きる約束

26

保障を求めない。

宇宙の力を自分のものとして使うことができる。

人事を尽くすには、「主導権」と「責任」を取り戻すことが必要ですが、それができないという人が少なくありません。

主導権を握ることも、責任を取ることも、じつは厳しいものです。

誰かにまかせられるなら、そのほうがラクに決まっています。

それで、主導権も責任も、「自分には、そんな力はない」と放棄《ほうき》してしまうことがありますが、それでは、いつまでたっても目醒めることはできません。

前の章でもお話しした通り、「自分には、そんな力はない」というのは、「無価値観」から来ています。

それがベースにあるために、「誰かに何とかしてもらいたい」と思うわけです。

たとえば病気になったら、「お医者さんに治してもらわなければならない」と考えます。

誤解を怖れずに言うなら、病気さえも自分がつくり出したものです。

自分でつくり出したものなら、自分で何とかできるはずです。

でも「無価値観」を使っていると、「自分の手には負えないもの」になります。

自分の手に負えないわけですから、人に頼り、その助けが得られないと不平不満、批判や非難が生まれてくることになりますが、すべては「無価値観」がもとになっています。

自分の力を信じられる人は、「これは私がどうとでもできる」「この状況は自分で変えられる」というところに立てるのです。それは、宇宙のサポートと同調するということです。

この章では、「宇宙のサポート」を受けられるのは、どんな人かについてお話ししているのですが、「宇宙のサポートを受ける」というのは、じつは正しい表現ではないのです。

なぜなら、僕たちの存在そのものが「宇宙」だからです。

僕たちは、宇宙と一体となって、宇宙になります。

つまり、宇宙のそのパワフルな力を、自分のものとして使うことができるのです。

だから、自分がやろうとしたら、やれるのです。

自分がなろうと思ったら、なれるのです。

自分が行こうと思ったら、行けるのです。

目を醒ましていくというのは、なりたいものには何にでもなれ、やりたいことは何でもできて、行きたいところにはどこへでも行けるようになる、ということなのです。

新型コロナウイルスの感染拡大で、世の中はどう変わったかと言えば、やりたいと思うことができなくなりました。何もかもが、「なれない」「できない」「行けない」となりましたが、これは地球の重たい周波数が、一気に、すべて浮き彫りにされた、ということを意味しています。

そこまで浮き彫りにされたのは、「もう終わりにしましょう」「手放しましょう」という宇宙からのメッセージがやってきているからなのです。

それらを手放した先に、自分自身の力としての、宇宙のサポートがあります。

宇宙の力を、自分のものとして使えるなんて、凄《すご》いことだと思いませんか?

そして、それは、実際にできるようになってみると、決してむずかしいことではないことがわかります。

自分の「コ・ヒ・シ・タ・フ・ワ・ヨ」にしたがうだけです。

無理に目醒めようとするのではなく、自然に目醒めていってしまう。そういう流れが、この地球に起きています。いまはできないことも、「無価値観」が手放された先には、宇宙の力と一体となり、自由自在に思い通りの人生を生きることができるようになっていくのです。

★自分の魂のままに生きる約束 27

宇宙と一体になる。

他人の価値観から解放されよう。

誰かの価値観で生きているうちは、宇宙と一体にはなれません。

「誰かの価値観ではなく、自分がいいと思う価値観で生きています」

という人もいますが、それが案外、刷り込まれた価値観だということもあるのです。

たとえば、子どもができないことに悩んで、相談に来られる方が少なくありませんが、よく観察してみると、ご本人が欲しいと思っているというより、その方の母親が望んでいるということがあります。

つまり、「孫が欲しい」ということです。

そのお母さんのために、「子どもが欲しい」と言っているのです。

母親の望みを、自分の望みとすり替えているわけです。

さらに、その人の本心を視《み》てみると、子どもを産むこと、自分の子どもを持つことを望んでいない、ということが視えたりします。

「あなたは、本当に子どもが欲しいのですか」

と聴いてみると、

「よくわからないんです」

と言われたりするんですね。

あらためて聴かれることで、だんだんと自分の本心に気がつく、ということもあります。

子どもを産む、産まないという問題は、女性には大きな問題になりがちです。

女性にとって、子どもがいないというのは、女性としての役割を果たしていないように感じてしまうこともあるからです。

けれども、女性として生まれたら、結婚して、子どもを産まなければならないのでしょうか。産まないことは女性としての価値がないことになるのでしょうか。

「無価値観」や「罪悪感」を使っていると、歪《ゆが》んだ価値観に偏《かたよ》っていきます。

そうして「親に申し訳ない」「夫に申し訳ない」という気持ちにかられるわけです。

子どもができないのは、女性にだけ非があるわけではありません。

子どもができないからと言って、その人の価値が損《そこ》なわれることもありません。

誰でも、ありのままで価値があるし、その価値も人それぞれだということです。

それを「女性としての価値は」などと言い出すと、全部が全部、「無価値観」「罪悪感」をベースにしたものの捉え方になってしまうのです。

「無価値観」「罪悪感」を使っていたために、そういう意識になるだけです。

それを手放せたら、「子どもがいない」ということで、自分にダメ出しをすることはありません。

「私には、もっとやりたいことがある」

そのことに気づくことで、刷り込まれた「価値観」から解放されます。

刷り込まれた価値観に合わせていると、できないことだらけ、足りないものだらけだと感じてしまいます。

手に入らないのは、自分自身が本当に望んでいるものではないからです。

そのことに気がつくことができれば、そこから人生を変えることができます。

なぜなら、自分自身が本当に望んでいることは、叶えることができるからです。

そして、そのためになら動けるからです。

本当の望みに気づき、それを行動に移すとき、宇宙と自分が一つになり、宇宙の力を自分の力として使っていくことができるようになるのです。

★自分の魂のままに生きる約束 28

望みを叶える。

自分の居るべき場所に移動しよう。

自分の居場所がないという人がいます。

自分の居場所を持っていても、居心地が悪いという人がいます。

どちらも、居るべき場所にいないために、そんなふうに感じるのです。

居場所を間違えていると、自分の力を発揮することはできません。

いま、あなたが居る場所は、あなたが本当に居るべきところでしょうか。

本来の場所ではないところに居るというのは、「自分はこうすべきだから、ここに居る」という信念を持っているからです。あるいは、社会的通念で、「それが正しい」と思っているから、ということもあるでしょう。

でも、本当は、その場所ではなく、別の場所に居ることが、全体の調和のためには必要だということがあります。

そうした場合、いまの場所から動く必要があるわけです。

つまり、動いた先で、やることがあるのです。

でも、それがわからないので、いまの場所から動くことができません。

「私のほうが年長だから」「私のほうが上役だから」「私は男性だから」「私は女性だから」

そうしたさまざまな理由をつけて、動けなくなっているのです。

そうなると、どんなことが起きるかと言えば、本来、その場所に居るべき人が、そこに行けなくなります。だって、あなたが、そこに居るわけですから。

少しずつ、それぞれの「居るべき場所」「座るべき場所」がズレていくことになるわけです。

あなたがそこを退いたら、そこに座るべき人が座れるのです。

Aさんの居る場所は、本当はBさんが行くところで、Bさんの居るところにはCさんが、Cさんが居るところにはAさんが行くところかもしれません。

それぞれが、いまの場所を退かなければ、本来の居るべき場所に移ることができないのです。

本来の自分の居るべき場所を見つけるには、自分の魂の声に耳を傾けることです。

「そんなことを言ったら、みんなが好き勝手をして、それこそ滅茶苦茶になってしまうのではありませんか」という声が聴こえそうですが、滅茶苦茶にはなりません。

見方を変えれば、いまが滅茶苦茶になっているのです。

これまで、あたりまえに思っていたことから自由になって、自分の魂の声にしたがってみましょう。

「ここは自分の場所じゃない」と思ったら、勇気を持って、そこを空けてあげるのです。

そうすれば、本来そこに居るべき人が移動できます。

「自分の場所がなくなってしまう」と心配することはありません。

ちゃんと、あなたの場所はあります。

そうして、本当の自分に気づいて、本来の居るべき場所に移ったら、すべてが調和されていきます。

バラバラだった奏者が、きれいなオーケストラになります。

椅子がぐらつくこともなければ、隣の人と肘《ひじ》がぶつかることもない。おたがいにベストな場所で、自分の演奏ができるわけです。

いまの、あなたがいるところは、居心地がいいですか？

自分の居場所を見つけに行きましょう。

★自分の魂のままに生きる約束／29／

居るべき場所に移る。

第6章

警告のサインに気づく

不安や恐怖は伝染しやすい。

「大きな地震が起きるんじゃないか」

「戦争が起きるんじゃないか」

この数年を振り返っても、現実にさまざまなことが起きていて、「不安は尽きない」という人は多いでしょう。

では、近い将来、そうした災害があるかと訊《き》かれたら、それは僕たち一人ひとりの意識が、何を選択するかで決まります、とお答えします。

つまり僕たちの集合意識が、この世界で何を体験するかを決めているのです。

僕たちの現実は、僕たち自身がつくっているということです。

現在、地球の地軸がかなりズレている、という情報がありますが、それは、僕たちの軸がズレているからに他なりません。

そうやって僕たちの心が、揺れていたり、本当の気持ちを押し隠していて、それが爆発しそうになっていたりするから、地震が起きたり、火山が噴火したりしているのです。

そんなことが、信じられますか？

でも信じられなくても、一人ひとりが、自分で自分のバランスを取り、安定していけば、自然界も含めて、世の中は安定します。

いま、「新型コロナウイルスはどうなっていくんだろう」「大地震が起こったらどうしよう」といった不安や怖れが蔓延しています。

不安や怖れは、すぐに伝染しやすいのです。

でも、それをつくり出しているのは、僕たち自身なのですから、落ち着いて、まずは自分のバランスを取ることが大切です。

すると、それに反応するように、世の中のさまざまな事象も、落ち着きを見せてくるのに気づくことになるでしょう。

★自分の魂のままに生きる約束

30

ズレを修正する。

自分にとっての真実は何か。

なにか情報を得たときに、それが正しいかどうかは、自分に聴くことです。

「そのことは、自分にとって正しいのか」

「自分にとって真実なのか」

ということが大切です。

その判断で、正しい間違いというのは一つもありません。あくまでも大切なのは、「あなたにとって役に立つかどうか」なのです。

自分にとっての正しいこと、自分にとっての真実というのは、自分のハートが教えてくれます。

「ハート」というのは、「感覚」ということです。

この感覚は、じつはハイヤーセルフからのサインでもあります。

ある情報を聴いたときに、「しっくりくる」「腑に落ちる」ということであれば、それは「あなたにとって正しいですよ」というサインです。

「しっくりくる」「腑に落ちる」は「コ・ヒ・シ・タ・フ・ワ・ヨ」になりますが、これだけでなく、「コ・ヒ・シ・タ・フ・ワ・ヨ」を感じることは、すべて「自分にとってＯＫ」のサインです。

自分の真実として、自分にとって正しいこととして受け入れていいのです。

ときに、それは、自分以外の人にとっての真実や正しいこととは違うかもしれません。

でも、僕たちの学びの中には、「相手との違いを認めて受け入れる」ということがあります。自分にとっての真実と、相手のそれが違ったとしても、「それはそれでいい」というふうに受けとめることがとても大切です。

なぜなら、もともと「真実」というのは、人の数だけあるものだからです。

何が真実かと言えば、「自分にとっての真実」「自分にとっての正しい」があるだけなのです。もし、真実が一つなら、一方が正しいとなったとき、一方は間違っているということになります。でも、そうではありません。どちらも、その人にとっての「真実」です。

絶対的な究極の正しい「真実」があるのではなく、それぞれにある「真実」を認め、受け入れることです。

そして、これからの世界では、自分にとっての真実に、似通った人たちが集まっていくことになります。

マーブルチョコレートには、茶色やオレンジ、緑やピンクなど、いろいろな色があります。一つのパッケージに、それらが交《ま》ざって入っていますが、それで言えば、これからは一つの色だけで集まるようになります。茶色なら茶色、オレンジならオレンジ。そこにピンクや緑が入るということはありません。

そんなふうに、コミュニティをつくっていくことになります。

★自分の魂のままに生きる約束

31

正直になる。

第1章で、これからの世界は二極化していく、というお話をしましたが、「二極化」は正確に言うと「多極化」です。大きく分類すると、「目醒めの世界」と「眠りの世界」の二つですが、「真実」になると、「目醒めの世界」でも、また分かれていきます。そうして似通った人たちが集まっていくので、「多極化」になります。

そうなると、自分のまわりには、一緒にいて心地いい人だけになります。

いままでは、いろいろな人がいたし、「違うな」と思う人とでもつき合わなければならなかった、ということがあったでしょう。

これからは、そうではなく、自分に忠実に生きていきます。

自分が「この人といると心地いい」「この人と一緒にいたい」と思う。その気持ちに正直なるということでもあります。

肉体があるかぎり、完璧にはなれない。

心地いい人たちとの世界でも、人間関係で失敗することはあります。

ときには、言いすぎたり、やりすぎたり、うっかり忘れてしまったり、小さなミスというのは、誰にでもあるものです。

だから、ときには傷ついたり、傷つけたりということもあるかもしれません。

けれども、「傷つく」というのも、自分の中にその周波数がなければ、体験することはできません。

つまり、自分が感じることはすべて、「自己責任」なのです。

自分が何を持っているかで、何を体験するかが決まります。

すでにお話ししたように、自分のことを「馬鹿」だと思っていない人は、「馬鹿」と言われても傷つかない、というより、傷つけないのです。

誰かに何か言われて傷ついたとしたら、その誰かによって傷つけられたのではなく、自分の中にあったから傷つく、という体験をしたのです。

「自分には、こんなところがあったのか」

ということに現実を通して気づいたということです。

気づいたのであれば、あとは手放していくだけです。

それが僕が教えている「統合」のメソッドです。

傷ついたことは、いったん本当に手放したら、二度とそれを体験することはできません。

完全に手放してしまえば、傷つくことはなくなるのです。

もっと言えば、本来は傷つけないのです。

「傷つく」のは、それを自分に許したからこそ、体験することができたというだけなのです。

オプショナルツアーを体験するようなものです。

ミスをして悪いなと感じたら、「ごめんなさい」と言えばいいのです。

なにかしてもらって有り難いと感じたら、「ありがとう」と言えばいいのです。

目醒めて、ハイヤーセルフの意識になると、それは完璧な存在ですが、人間の肉体を持っているかぎりは、どうしても、その限界はあります。だからミスだってするわけです。

でも、そんなミスは取るに足らないことです。

いままでは「許せないこと」が多い世界でしたが、これからは、許し合う世界です。

それも、許していることにすら気づけないほど、「許す」「許さない」という意識から解放された世界と言えます。

★自分の魂のままに生きる約束

32

自己責任を果たす。

体験によって
悟りのレベルは進化していく。

僕たちの魂は、これまでに輪廻転生を繰り返し、人間としての経験も何度も体験してきたわけですが、この肉体を持っての人生経験というのは、あたりまえのように、いまの年齢によって違ってきます。

たとえば3歳の子どもなら、たとえ魂では80億年の経験があったとしても、肉体の経験は3年にすぎないわけです。80歳の人なら、たとえ魂年齢は10億年の経験でも、この人生での経験は80年ということになります。

魂レベルでは、80億年と10億年では雲泥《うんでい》の差がありますが、人生経験ということでは、また別のレベルがあるわけです。たとえば、3歳の子どもに、80歳の人のひざの痛みはわからない、というのは当然のことでしょう。

ところで、「目醒め」は「悟り」という言葉とも言い換えられますが、それにも「レベル」があります。「段階」と言ってもいいかもしれません。

「目醒めの段階」という表現をしたときに、この段階が上がっていけばいくほどに、それまでに感じてきた苦しみや悩みといったものを体験できなくなっていきます。

目を醒ませば醒ますほどに、悟りのレベルが深まれば深まるほどに、そうしたネガティブな感覚がどんどん外れていくことになるからです。

すべてを祝福として体験できるような意識状態へと、進化していくことになります。

でも、それまでの過程では、悩みももちろん体験します。

不安になってみたり、罪悪感を覚えるようなこともあるかもしれませんが、その悩みだと思っている現実を、映画を観るように眺めてみましょう。

実際、僕たちが体験している現実というのは、映画のようなものです。

現実世界というスクリーンに映し出されるものは、自分が何を持っているかで、変わります。つまり、極端な言い方ですが、不安ばかりが映し出される人もいれば、祝福のシーンばかりが映し出されるという人もいるわけです。

僕たち一人ひとりが、映画館でいうところの映写室で、そこに感情というフィルムを入れて、現実という映像を映し出しています。

罪悪感を感じるときというのは、無意識のうちに、「罪悪感」というフィルムをカシャッと入れていて、その映し出された現実を見て、何を使っていたのかに気づいた、ということなのです。つまり、罪悪感を使っていれば、当然、罪悪感を感じるようなことを映像化するわけです。

だから、その「罪悪感」というフィルムを手放せば、その映像は、そのままスクリーンに留まることはできず、体感とともに、次第に消えてしまうことになります。

ただ感情という周波数は、玉ねぎの皮みたいになっていますので、消えたはずの「罪悪感」が、その下から現れるということもありますが、そのつど、否定することなく、淡々と手放していきましょう。

そこでブレないことが、目を醒ましつづけていくことになります。映し出した現実を嘆《なげ》くのに使うのではなく、目を醒ますために使うのです。外によって一喜一憂する生き方をやめ、自分に意識を向け、自分が使っている感情という周波数を手放すことに集中していれば、ブレることはありません。

そうして、見終わったフィルムは、面白くなくなったり、飽きてきたりしたら処分していけばいい、ということです。

「はい、おしまい」

そう言葉に出して、手放していきましょう。

★自分の魂のままに生きる約束

33

進化していく。

本当は好きだから、手放せない。

イライラの周波数をなかなか手放せないとき、自分の苛立ちや怒りのもとに向き合ってみると、簡単に手放せるときもあります。

相手に感じる苛立ちや怒りは、自分にあるものだということは、繰り返し、お話しした通りです。

「相手に失礼な態度をとられると、屈辱感で腹が立ちます」

という女性がいました。

目醒めたいとは思っていても、ときどき、こうした感情が湧いてくるのを止められないと言うのです。

すでにお話ししましたが、目醒めることを決めても、一足飛びで、宇宙レベルに到達することはできません。だから、彼女も悩んでいるわけです。

自分がどんなことに苛立ったり、腹が立ったり、あるいは悲しみを感じたりするのか、ということを考えてみるのは、一つの突破口になるかもしれません。

僕たちは、意識レベルを下げて、この地球に生まれてきました。

これも前でお話ししてきた通り、地球を体験するためです。

ハイヤーセルフの意識には、屈辱感は存在しません。

つまり、地球の周波数である屈辱感を使ったからこそ、彼女はそれを体験することができたのです。

ここで、ちょっと変な言い方をすると、彼女は「屈辱感」が好きなのです。

だから、繰り返し、「屈辱感」を感じる現実を体験しつづけるわけです。

「いえ、屈辱感なんて感じたくないです。イヤだから、イライラしてしまうんです」

というのはもっともですが、僕たちは、自分の中にないものは体感することができません。

わかりやすく言うと、遊園地で、何度も同じアトラクションに乗るのは、それが好きだからです。

「屈辱感」にかぎらず、地球には、たくさんのネガティブな周波数があって、その一つひとつが、遊園地のアトラクションなのです。

だから、何度も同じようなことがあったときには、

「私は、これを体験したかったのか」

と思ってみることです。

自分は、「これが好きなんだ」と認めてしまうのです。

イヤだと思っていたことが、じつは「自分が好きで体験していたこと」だとわかると、そこから抜け出す、本当の意味でのスタート地点に立てます。

なかなか手放すことはできないかもしれません。

もう絶対に使わないと思っているものでも、ずっとそばにあったものというのは、なんとなく捨て難いものです。

でも、それを思い切って捨てることができたら、「屈辱感」を感じることはなくなります。

僕自身、「目醒める」ことに、本気で取り組み始めたときには、自分はすでに「かなり目醒めている」と思っていました。でも、目を醒ましていけばいくほど、じつは深く眠っていたことに気づきました。

それが段階なんです。気づいて、認めて、受け入れて、一段一段、上がっていけばいいのです。

★自分の魂のままに生きる約束／34／

焦らない。

成長することを止めることはできない。

「目醒め」には段階があるというお話をしましたが、そこにはゴールがありません。言い方を換えれば、僕たちは永遠に、目醒めつづけられる、ということです。

「大いなる一つなる意識」に向けて、どこまでも拡大していくことができます。

でも、肉体を持っていれば、ある段階で、やはり限界というものがやってくることになります。それでも、いまや地球は、肉体を持ったまま、ハイヤーセルフという高い意識で生きることもできるほどに、軽やかになっていっています。

歴史的に見ていくと、高い意識になると地球との整合性が取れなくなって、肉体を脱ぐしかなかったのだろうという人たちがいます。

神話的な表現で、「光になって消えた」というようなことが文献に残されているものもありますが、それは、そういうことだったのです。

当時、多くの人がまだまだ深く眠っている中で、この肉体を持ったまま、高い意識へと目醒める人たちがいたわけです。

けれども、いまはもう、消える必要はありません。

地球が目醒めた今は、望めば多くの人たちも目を醒まし、ハイヤーセルフとして生きていくことができるようになった、ということです。

ハイヤーセルフの意識で生きることで、発想もアイデアも変わるので、これからは宇宙の発想、宇宙のアイデアを使うことになります。

そこから生み出されるものは、いままでとはまったく違ってきます。

眠りの意識から絞り出されたものではなくなるからです。

これまでも、宇宙のアイデアから発明されたものがありました。天才と呼ばれた人たちが、その瞬間に宇宙と繋がって、アイデアを降ろしたのです。

それによって、世の中は大きく変わりました。

これまでは、ある特定の人たちだけにかぎられていましたが、「目醒めの世界」では、みんなが宇宙とつながり、宇宙の発想になるので、それこそ世の中は、ものすごく加速して変わっていきます。

目醒めてしまうと、もうゴールを迎えて、そこからは成長がないように思われる人もいるかもしれませんが、それは違います。

成長、進化、発展、拡大といったものは、宇宙の根本にあるもの——宇宙に刻み込まれたDNAのようなものです。

そして僕たちは、一人ひとりが小宇宙のような存在ですから、同じように成長し、進化、発展を遂げていくことになります。それはとても自然なことなのです。

ところが、多くの人たちは、これに抗《あらが》います。だから苦しくなるのです。

川の流れに逆らって泳ぐようなものなので、進みたいと思っても、うまくいきません。もがけばもがくほど、深みにはまってしまいます。

これでは、つらいばかりです。

川の流れにそって泳げばスムースなのに、それをしないのは、変化を拒むからです。

すでにお話ししたように、慣れ親しんだ世界が変わるというのは、怖いものです。

だから、変わりたくないと思って、抵抗してしまうわけですが、「変わってもいいんだ」ということに気づいて、流れに身をまかせてみれば、途端に人生は、スムースに進むようになる。うまくいくようになります。

★自分の魂のままに生きる約束

35

抵抗しない。

第7章

新しい時代を楽しもう

方法は変わっても、目的は変わらない。

僕たちの本来の意識というのは、あえて成功を望まなくても、成功するようになっています。

なぜなら、やりたいと思ったことは、何でもやれる意識だからです。

なりたいと思ったものには、何にでもなれる意識だからです。

行きたいと思ったら、どこにでも行ける意識だからです。

人生の質というものを、どう上げていくのか、ということです。

目を醒ますのか、眠りつづけるのか、あなたは、どちらを選びますか？

これも繰り返し伝えていることですが、眠りつづけることを選択してもいいのです。眠ったまま生きるのもOKなら、目を醒まして生きるのもOK。

それは、あなたが決めることです。

もしも目を醒まして生きることを選択したなら、いままでとはまったく違う人生を生きることになります。

ところで、眠っている世界と、目を醒ました世界では、どこが違うのでしょうか。

眠っている世界では、本来ある世界の、一部しか体験ができないことになります。

目を醒ますというのは、覆《おお》いを外すということで、それを外してみると、かぎりない可能性が目の前に広がります。

それは、目を閉じて眠っている状態では、決して気づけないものです。気づけないまま、その人生を終えることになります。

いま、僕にはやりたいことが山のようにあります。

寿命までに、そのすべてを体験できるか心配になるほどですが、だからこそ、この人生が、一日一日が「コ・イ・シ・タ・フ・ワ・ヨ」にあふれています。

世の中にいろいろな変化が起こって、方法はそれに合わせて変わることがあっても、目的は変わらない。それがブレないということです。

しかも、それが、自分が楽しくできることなのです。

魂レベルの絆《きずな》を持った人たちが集まっていく流れもあるので、その時々で仲間たちに助けてもらいながら、大きなことさえ、成し遂げていけるでしょう。

それが流れに乗るということですし、あなたにも、その流れを感じてほしいと思っています。

★自分の魂のままに生きる約束 36

目を開く。

あなたの足を引っ張る人は、もういない。

前に進もうとするとき、何かを始めようとするとき、誰かに足を引っ張られているように感じることがあります。

単に感じるだけではなく、実際に、

「やめたほうがいいよ」

「危ないんじゃない？」

「あなたには無理なんじゃない？」

というようなことを身近な人から言われたりしたこともあるでしょう。

けれども、本当は、あなたの足を引っ張っている人などいません。

たとえ表面的には、そういう状況にあったとしても、あなたが前進することに覚悟を決めれば、その状況は、変化し始めるでしょう。

それでも、誰かが、あなたの足を引っ張っているとしたら、それは間違いなく、あなた自身です。

前に進めなかったり、始めたいのに始められないのは、他でもない、自分が自分の足を引っ張っているだけです。

そのことに気づくことが、とても大事なのです。

前の章で、現実世界というスクリーンに映し出されるものは、自分が何を持っているかで変わる、という話をしましたが、「足を引っ張られている」という状況も、あなたの心が映し出しているにすぎません。あなたの中の葛藤が、まわりからいろいろと言われる、という現実を投影しているわけです。

そのことをハイヤーセルフは教えてくれているのです。

タロットカードには、「吊《つ》るされた男」のカードがあります。

まさに、逆さまに吊るされて、つらい状況を示しているのですが、よく見ると、吊るされているのは片足だけで、その気になったら、いつでも、この状況を変えられそうな感じさえします。

実際に、これは刑罰などで吊るされているのではなく、通過儀礼であり、そのため、男の顔には悲愴感がありません。つまり、自分の意思で吊るされているということです。

あなたが、「足を引っ張られている」と感じるのも、じつは、この吊るされた男と同様で、自ら望んで、いまの状況をつくっています。

ためしに、足を一歩、前に出してみませんか？

そこから、あなたの世界が変わっていきます。

前に進む。

★自分の魂のままに生きる約束

37

檻《おり》の扉は、とっくに開いている。

あなたが前に進めないのは、自分自身が、それを望んでいるからです。

そのことに気づいたら、人生を動かす「主導権」と「力」を自分に取り戻すことです。

それができないのは、まだ自分に制限がかかっているためです。

動けない人は、自分が囚《とら》われの身のように思っています。

実際に、緊急事態宣言の発令期間中は、外出はままならず、家の中に閉じ込められたような感覚を持った人もいたかもしれません。

いわば自分の家でありながら、それは檻と同じです。

檻の中にずっと入っていると、なぜか、そこから出たくないような気持ちになります。

自由になれるのに、その自由が怖いのです。

そうなると、出入り自由であるにもかかわらず、「檻に入っているから出られない」と思うのです。檻のカギも確認しないで、「出られるわけがない」と決めつけてしまいます。

でも、もうカギは開いています。

あなたは、どこにでも行くことができます。

「自分にはできない」というのは、そう思い込んでいるからです。

そう思い込んでしまうのは、「できないこと」ばかりに意識を向けているからです。

「できない理由」ばかりを探しています。

なぜ、そうなっているかと言えば、もともと自分がしたいことではなかったからです。

「自分がこれをやる」という覚悟ができていないのです。

本当に、自分がやりたいことなら、何とかして自分がそれをやれる理由を見つけ出すものです。

★自分の魂のままに生きる約束 38

サインを受けとる。

「結婚したい」と言いながら「結婚できない」のは、「結婚したくない」からです。

少なくとも自分の中では、まだ本気でコミットできていないわけです。それだと、たとえ結婚できそうな流れがやってきても、自分で壊していくようになります。

たとえば、つき合っている相手に、結婚したい素振りが見えてきたりすると、本当なら嬉《うれ》しいはずなのに、なぜか嫌われるような行動をとってしまったりするのです。

やっかいなのは、それが無意識であることです。

結婚したくない自分に気づいていないので、「どうして、いつもうまくいかないんだろう」と悩むことになります。

進んでいかないとき、自分が動けないときは、それこそが「本当の自分」からのサインなのかもしれません。

もう魂のままに生きていい。

それぞれが自分の魂にしたがう。そういう生き方が、これからはできるようになります。

もちろん、いままでも、それはできていたのですが、できにくいシステムが、この地球にはありました。

明日から一斉に変わるとはいかないかもしれませんが、気がついたら、それがあたりまえになっていた、というのが、これから僕たちが生きていく世界です。

自分の魂の声を聴いてください。

自分がイヤだと思っていたこと、したくないと思っていたことを、我慢して続ける必要はありません。

慣れてきたことをやめるというのは、勇気がいります。

新しい変化、新しい様式に戸惑うこともあるでしょう。

いままでの世界では、「目醒めましょう」と言っても、個人レベルの話でした。そのレベルにしかいけなかったのです。

けれども、いよいよ本当に新しい時代、新しい世界が始まります。

その変化に吹き飛ばされてしまいそうなこともあるかもしれませんが、その風に怯むことなく、一緒に楽しんでいきましょう。

魂のままに生きる世界。そこにアクセスする、という行動が必要です。

★自分の魂のままに生きる約束 39

勇気を出す。

Postscript
追伸

あなたは、傷つけられることはありません。
誰からも。何からも。
絶対的な安心感の中、絶対的な安全な空間の中にいます。
安心して存在しています。
あなたは、その絶対的な存在そのものです。
そのことを思い出してください。

だいじょうぶ。絶対に、それは乗り越えていけます。

だって、危険などないのですから。
危険だと思っていたことは、危険でもなんでもないものだったのですから。

「本当の自分は、絶対に傷つかない」

そう思えたら、あなたは自由に、何にでも挑戦することができます。
ここはもう「お化け屋敷」ではなく、可能性にあふれた世界です。
ここでは、あなたが望むままに行動することができます。
場所は変わっていないのに、景色が変わったのです。
そのことに、あなたは気づくでしょう。

それが、目醒めたということです。
それが、絶対的な安心感の中で生きていく、ということです。

だから、だいじょうぶです。

けれども、まだゴールではありません。
ゴールではなく、スタート地点に立ったのです。

ワクワクしてくるでしょう?
そのワクワクを楽しんでください。

これからの道にも、失敗はあるでしょう。
でも、そのために傷ついたり、罪悪感を抱いたり、ということはありません。
いや、まだ少しは、そんな感情にとらわれてしまうことがあるかもしれません。

目醒めていたつもりなのに、まだ目醒めていなかったことに気づくのは、さらなる目醒めを果たしたときです。


「結局、人生はまだまだ大変なんですね？」

なんて、がっかりしないでください。

ゲームは、まだまだ楽しめるということです。


すぐに完全になれなくても、焦らないでいい、ということです。

だって、それも含めて「だいじょうぶ」なんですから。


あなたは、だいじょうぶ。

ちゃんと乗り越えていける。

ちゃんと楽しめる。

人生は、あなたが選んだ通りになっていきます。
「希望」にチャンネルを合わせられた人は、そのように人生は変わっていきます。
怖いことは、何もありません。

目醒めの招待状を受けとってくれて、ありがとう。

並木良和

■ 著者プロフィール

並木良和（なみき・よしかず）

幼少期よりサイキック能力（霊能力）を自覚し、高校入学と同時に霊能力者に師事、整体師として働いたのち、本格的にスピリチュアル（霊魂、精神）カウンセラーとして独立。

現在は、人種、宗教、男女の垣根を越えて、高次の叡智につながり宇宙の真理や本質である「愛と調和」を世界中に広めるニューリーダーとして、ワークショップ、個人セッション、講演会の開催等活発な活動を通じて、世界中で1万人以上のクライアントに支持されている。

著書に『ほら起きて！目醒まし時計が鳴ってるよ』（風雲舎）、『目醒めへのパスポート』『目醒めのレッスン29』（ビオ・マガジン）、『みんな誰もが神様だった』（青林堂）他があり、いずれもベストセラーとなっている。執筆活動と同時にさまざまな媒体で活躍の場を広げている。

だいじょうぶ　ちゃんと乗り越えていける
自分の魂のままに生きる39の約束

2020年9月10日　初版第1刷発行

著　者　並木良和

発行者　櫻井秀勲
発行所　きずな出版
東京都新宿区白銀町1-13　〒162-0816
電話 03-3260-0391
振替 00160-2-633551
https://www.kizuna-pub.jp/

ブックデザイン　福田和雄（FUKUDA DESIGN）
編集協力　ウーマンウエーブ
印　刷　モリモト印刷

ISBN978-4-86663-120-2

きずな出版

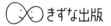